大夏书系·全国中小学班主任培训用书

班主任基本功修炼

情境模拟58例解析

卓月琴 / 著

华东师范大学出版社
全国百佳图书出版单位
·上海·

图书在版编目（CIP）数据

班主任基本功修炼：情境模拟58例解析/卓月琴著. —上海：华东师范大学出版社，2022
 ISBN 978-7-5760-2755-6

Ⅰ.①班… Ⅱ.①卓… Ⅲ.①班主任工作 Ⅳ.①G451.6

中国版本图书馆CIP数据核字（2022）第053356号

大夏书系·全国中小学班主任培训用书
班主任基本功修炼：情境模拟58例解析

著　　者	卓月琴
策划编辑	杨　坤
责任编辑	万丽丽
责任校对	杨　坤
封面设计	奇文云海·设计顾问

出版发行	华东师范大学出版社
社　　址	上海市中山北路3663号　邮编　200062
网　　址	www.ecnupress.com.cn
电　　话	021-60821666　行政传真　021-62572105
客服电话	021-62865537
邮购电话	021-62869887　地址　上海市中山北路3663号华东师范大学校内先锋路口
网　　店	http://hdsdcbs.tmall.com/

印 刷 者	北京密兴印刷有限公司
开　　本	700×1000　16开
插　　页	1
印　　张	17
字　　数	251千字
版　　次	2022年5月第一版
印　　次	2024年4月第十一次
印　　数	39 101—45 100
书　　号	ISBN 978-7-5760-2755-6
定　　价	58.00元

出 版 人　王　焰

（如发现本版图书有印订质量问题，请寄回本社市场部调换或电话021-62865537联系）

目　录

自序　基于教育机智的班主任应变能力修炼　　/001

第一辑　同伴相处问题——引导学会接纳

① 春游活动中，有个"淘气鬼"学生不被同学接纳　/002

② 班上一个身体有缺陷的新同学，总是被他人嘲笑　/006

③ 班级分组时，一名"差生"被大家嫌弃　/010

④ 寄宿生被人"投诉"卫生习惯不好，当事人不以为然　/014

⑤ 学农分寝室时，一名有点不合群的女生被大家排挤　/018

第二辑　个性心理问题——教会纾解烦恼

⑥ 一学生随便拿了同学的学习用品，坚决不承认　/024

⑦ 一女生被班上同学欺负，诱发自杀行为　/028

⑧ 一初三女生因几次考试成绩不理想而备感压力，有了轻生念头　/032

⑨ 一男生上网成瘾，又在班级讨论游戏，造成不良风气　/037

⑩ 一学生在网上玩游戏赚钱，还鼓动同学一起参与　/041

⑪ 一学生感觉学习压力大，出现异常行为表现　/046

第三辑　家庭教育问题——体验情感入手

⑫　父母喜欢姐姐，忽视了弟弟，导致弟弟很自卑　/052

⑬　家长用摄像头监控不自觉的孩子，
　　孩子向班主任诉说自己的苦恼　/056

⑭　孩子上网成瘾，父亲处理简单导致亲子关系紧张　/060

⑮　孩子玩游戏，家长装监控，孩子报警　/064

⑯　家庭太民主导致孩子脾气越来越大　/068

⑰　孩子对父母的过分管教采取极端行为　/072

⑱　高考前单亲妈妈对孩子要求高，孩子不想学得这么累　/076

第四辑　家校关系问题——明确共育观念

⑲　孩子作业太多，家长在微信群里抱怨　/080

⑳　面对校园欺凌行为，"受害者"家长鼓动全班罢课　/083

㉑　两名学生矛盾激化，
　　一方家长插手并提出按自己的要求处理另一方　/087

㉒　家长未按学校要求安排孩子学做家务并且"弄虚作假"　/092

㉓　孩子被同学欺负后，家长找上门来讨说法　/097

㉔　孩子比较挑食，家长向班主任提出午饭时不要让她也"光盘"　/101

㉕　中途接班的班主任，不受学生家长信任　/104

㉖　学校运动会临近中考，学生家长不支持孩子参加　/109

第五辑　师生关系问题——走进彼此心灵

㉗ 老师上课训斥学生的情景被学生录像，

又正好被路过的班主任看到　/114

㉘ 班主任批评违纪学生，

被批评者理直气壮地说"我是很懂法律的"　/119

㉙ 学生在一名责任心很强的教师上课时故意捣乱　/124

㉚ 英语教师上课总是拖堂，学生意见很大　/128

第六辑　班级管理问题——注重晓之以理

㉛ 班主任自费发奖品给部分学生，被其他学生误会　/134

㉜ 学生重视文化课学习，不愿意参加文体活动　/138

㉝ 班级图书角建成后好景不长，

连管理员也不愿意当了　/142

㉞ 一学习优秀又是文体积极分子的女生，

不愿意参加卫生劳动　/146

㉟ 一学生因助力他班而使本班荣誉受损，

因此被同学质疑　/150

㊱ 学校对垃圾分类有规范要求，

学生为"避规"而走"旁门左道"　/154

第七辑　学业指导问题——把握因人而异

㊲　学生做家庭作业"投机取巧"，
班主任该怎么办　/158

㊳　作业经常不交的学生，质疑作业多、没意义，
还举报别人抄袭　/162

㊴　学生晚上哭着打电话给班主任，
因为家长辅导作业时与孩子发生矛盾　/167

㊵　学生不愿意参加社会实践活动，因为学习任务太重　/171

㊶　学生对什么都提不起兴趣，
因为他的人生规划与家长不一致　/175

第八辑　特殊情感问题——注意因势利导

㊷　发现孩子收到异性同学的"情书"后，
家长向班主任求助　/182

㊸　一张表达爱慕的纸条被公开　/187

㊹　班上已有两名学生"早恋"的传言，
班主任在街上正好目睹他俩的亲密动作　/191

㊺　学生向班主任承认自己在谈恋爱，要求其对家长保密　/195

第九辑　学生干部问题——要求敢于担当

㊻ 劳动委员认为自己没有能力，向班主任辞职　/200

㊼ 班级语文课代表似乎很不受同学欢迎，
其本人也向班主任诉说自己的苦恼　/204

㊽ 学习委员在班干部改选中落选了，
班主任找其谈心　/208

㊾ 监考教师将考场没收的作弊证据交给班主任，
其中有班长的　/212

第十辑　突发事件问题——运用教育机智

㊿ 学生向同学扔石子而“触犯众怒”，
可他在班主任面前还“撒泼抵赖”　/218

(51) 主题班会上，
学生展示的家务劳动照片被曝光是“摆拍”的　/222

(52) 在“致敬最美逆行者”班会课上，
个别学生的言论背离主题　/227

(53) 学生决定辍学做主播，家长微信群里引发热议　/231

(54) 还未开学，任课教师被换一事引起学生不满　/235

第十一辑　兴趣爱好问题——全面协调平衡

(55) 孩子参加击剑训练后学习成绩下降，
家长要其退出击剑队并辞去班干部职务　/240

(56) 学生沉浸于科技社团而影响了正常学习，
班主任找其谈话，他却以“创新”回应　/244

(57) 孩子主演的情景剧获区一等奖，还将参加市级比赛，
但家长不支持　/248

(58) 学生“追星”追到北京，
还在班级里传播“追星”言论　/251

后记　班主任情境模拟要点提示　/255

自序
基于教育机智的班主任应变能力修炼

现代社会飞速发展，深刻地改变着人们的生活方式、生产方式和思维方式。这给学校教育既创造了新的发展机遇，也带来了新的挑战。审视当下不少青少年学生，价值观念存在偏差、人际交往有障碍、对网络的精神依赖与日俱增、生活基本技能缺失、心理问题突出——各种各样的新情况、新问题接踵而来，需要班主任应对。

在班级管理中，班主任总会遇到一些猝不及防的突发事件，有的比较棘手，有的还会产生不良影响。如何正确处理因矛盾激化而形成的突发事件，最能考量班主任的专业能力和综合素养。处理得好，矛盾化解，问题解决，教育危机化为教育契机，甚至坏事变为好事。反之，一旦处理不好，极易使矛盾升级，事态恶化，以致带来无法挽回的负面影响。因此，对于班主任来说，修炼应变能力极为重要。

一、应变能力——班主任专业素养中的短板

从班主任的工作实践看，班级常规建设、突发事件处理、个别学生教育、家校关系调节等问题，无一不需要实践智慧与应变能力。而在教育实际中，很多班主任受制于工作经验的不足，以及不少突发事件具有难以预测、爆发快等特点，一旦遭遇或陷入突发事件，教育方法便显得捉襟见肘。

比如，有学生上课时故意破坏课堂纪律，或者有心向教师发难，由此常

常会引起一些学生趁机起哄看笑话。面对这种局面，有的班主任缺乏心理准备，束手无策，致使课堂失控；有的班主任则怒气冲天，声色俱厉地训斥学生，甚至恶语伤人。这后一种处理方式虽能发泄一时之愤，却浪费了课堂时间，也影响了师生关系。

又比如，在处理学生打架事件时，有的班主任往往简单粗暴，稍稍地问几句，或不问原因就高压施威，通常就是各打五十大板了事。这样处置，非但不能让学生心服口服，更有可能引发家长之间的矛盾。有些家长甚至以维权为由，一味地采取闹事、恐吓等过激行为，严重影响了教师正常工作。

再比如，对个别顽劣学生，有的班主任简单地施以惩罚教育，采取罚站、罚抄、停课等措施。殊不知，这非但不能解决问题，反而增强了学生的抵触情绪，更会招致家长兴师问罪。而且体罚或变相体罚，既违反师德规范，又触犯有关法律法规，其结果是师生"两败俱伤"。

从现实情况看，很多班主任面对班级中的突发事件，往往只关注问题表象，未能透过现象看到本质，教育观念偏执，教育方法单一，不能多角度、辩证地思考问题，这说明教师专业素养中存在短板。正因为班主任德育理念欠缺，教育方法相对陈旧，又对新时代学生道德认识和道德行为的变化不敏感，所以一碰到班级中出现超越个人已有经验范畴的问题，便手足无措，不知道如何应对。

二、应变能力的构成要素——实践视角的思考

应变能力是班主任应当具备的处理特殊事件的能力，是教育机智的一种。它指班主任面临各种意料之外的问题时，能够随机应变，善于因势利导、妥善处理。有了这种能力，班主任就能在复杂多变的情境中，做出最合理的决定，采取最恰当的教育方式。这种能力不是一朝一夕就能形成的，需要班主任有扎实的教育理论知识，深厚的教育功底，当然也需要有一定的教育技艺。班主任应变能力的基本要素，包括以下几个方面。

1. 克制情绪，沉着冷静

作为教师，一种不可缺少的心理素质是调控自己的情绪和行为。尤其是

班主任，更应注意不可把个人情绪带到工作中去。如果一遇到突发的恶性事件，班主任就"怒气冲冠"，大发雷霆，失去理智，那只会使学生产生反感和更大的逆反心理。最终不但达不到教育目的，反而可能造成师生关系紧张，乃至让学生产生对立情绪。因此，面对班级发生的意料之外的事件，班主任应该善于克制自己的情绪，沉着冷静地应对，并尽可能地平复当事人的情绪，为下一步思考问题的解决方法赢得时间。

2. 以柔克刚，缓解冲突

一些偶发事件具有突然性，不可能有事先设计好的处理方案。因此，处变不惊也是班主任不可或缺的心理素质。在处理突发事件时，班主任要善于采用以柔克刚的对策。这样，不仅能调节当事人的情绪，缓解冲突，更因为"柔"本来就是一种很好的教育策略，常用的柔性教育手段有按兵不动、静观其变、暗度陈仓、欲擒故纵、由此及彼、名言效应等。班主任可根据事件的性质和具体情况灵活运用，以善意的批评等方法教育学生。

3. 就事论事，把握尺度

公正、就事论事，是班主任处理各类事件的基本原则。在问题出现后，班主任首先要充分调查，了解事情的真相，然后以事实为依据，审时度势，化解矛盾。一般说来，班主任在认清事情性质后，应把握好处理尺度。问题一般的，不要随意扩大性质，上纲上线；性质较严重的，如打架斗殴、离校出走等，也不能随便缩小，轻描淡写。而且，无论事件性质如何，班主任都应引导学生通过表象看实质，与学生一起分析错误行为产生的原因和危害，使学生有所悔悟而警惕，这样的教育才有利于学生健康成长。

4. 机智果断，积极应对

班级中的突发事件如果必须马上处理，班主任就得及时反应，并很快拿出处置方案，防止事态扩大。比如，一旦发生学生意外受伤事件，班主任要第一时间上报学校，马上送学生去医院救治，同时通知学生家长。如果事件性质比较严重，涉及经济赔偿，则应通过法律途径解决，避免威胁师生人身安全、干扰学校正常教育教学秩序的情况出现。

5. 暂时悬挂，循序渐进

有些事件虽然也需要及时做出处理，但可以采取淡化矛盾的办法，暂时悬挂起来，或是稍做处理，留待以后再解决。这种暂时"搁置"的处理方式，多用于学生与学生之间、学生与教师之间发生争执对立时。那是因为事件发生后，学生多半头脑发热，情绪不稳，很难平心静气地接受教育，有时甚至会产生严重的逆反情绪，使局面难以收拾。而教师一方也容易心理失衡，缺乏充分的思想准备和冷静的分析。对此，如果贸然进行"热处理"，难免有失误，或难以取得预期的教育效果。用"暂时悬挂，循序渐进"的对策，既可避免事态激化，更能体现班主任的教育智慧。

6. 有的放矢，因势利导

班级发生的一些不良事件，看似突然，其实内中必有原因。由于教师平时对某些学生的品德、心理疏于教育，致使事件的发生存在一定的潜伏期，遇到适宜的时间、场合，它就突发了。所以，班主任处理突发事件，不能只满足于某件事情的暂时解决，而应有的放矢，因势利导，抓住契机，适时地教育全班学生，提高学生的思想认识，引导他们严格要求自己，防患于未然。如围绕某个主题上一节班会课，让学生进一步明辨事理，再自己教育自己。

三、应变能力的修炼策略

班主任处理突发事件，需要有丰富的教育经验、敏捷的思维能力和娴熟的教育技艺。面对班级突发事件，班主任要有一定的胆识和决策能力，以便迅速地做出判断，准确地进行分析。从这个意义上看，班主任要不断加强自我修炼，注重专业素质的养成。对此，基于教育机智的应变能力修炼，作为班主任专业必修课的内容，可以从以下几方面着眼。

1. 加强专业学习，提升理论涵养

作为一名班主任，除了与任课教师一样，要了解和掌握教育学、心理

学、伦理学等与教育有关的基础理论，还需要懂得现代德育原理，熟悉班主任学、班级管理学的基本知识，以及学习行为科学的有关知识，从而提升自己的理论涵养，正确认识班级组织的特性、功能与建设规律，并将所学知识用于学生教育和班集体管理之中，继而使专业知识通过实践检验逐步充实，最终形成自己的个性化理论。

2. 开展行动研究，提高反思品质

教师即研究者，教师需要在研究中行动，在行动中研究。行动研究的基本程序是"回顾诊断—筛选问题—分析原因—优选理论—拟定设计—实施行动—效果监控—审查反思"，它是一种螺旋式循环。其中，"审查反思"是至关重要的环节，是沟通实践与理论的桥梁。行动研究是发展实践智慧的主要途径，是一种自主探究、自我挑战的主动历程，它要求班主任对习以为常、熟视无睹的现象或者出现的各种问题进行持续不断的质疑。在此过程中，班主任逐步改变以往的习惯性教育程式和思维模式，使自己的专业能力得以提高。

3. 参与案例研讨，重视理性思辨

能否有效、妥善地解决问题，关键在于抓住问题的本质，在策略、措施上下功夫，这样才能达到问题解决的目的。俗话说，众人拾柴火焰高。要想有效解决问题，还需要依靠集体智慧，为此，班主任要积极参加团队研讨活动。在案例研讨中，班主任可以根据自身的经历理解问题、分析问题，开展深度对话，并重视对问题的理性思辨，将个人的经验与知识融入其中。同时，基于岗位实践，通过教育场景中的互动与交流，厘清问题的本质，提出切实可行的解决方案。这样的研讨活动，是班主任互相学习、相互切磋的学习契机。

4. 模拟实战演练，学会随机应变

"纸上得来终觉浅，绝知此事要躬行。"班主任只有加强实践锻炼，才能获得灵活应用知识解决问题的能力。为此，现场情境模拟是对班主任专业

思想和教育机智的一种综合性考查，也能比较真实地反映班主任个人的实践应变能力和水平。在模拟演练中，创设特定的问题情境，营造逼真的教育场景，目的是帮助班主任开展代入式演练。整个过程由助教扮演各种角色（学生、家长、任课教师等），通过设置各种意料之外、情理之中的问题，让班主任进入教育现场，尝试探索解决问题的办法。最后由专家针对情境中的关键问题进行点评，并指出、纠正问题解决过程中暴露出来的不足。通过实战演练，班主任的临场应变能力可以得到有效提升。

近几年，长三角地区班主任基本功大赛的一项最重要的考题是情境答辩。参赛班主任根据题目提供的具体情境，进行模拟性体验和思考，充分运用教育学与心理学理论、德育原理以及相关教育法律法规，提出解决问题的策略和方法，并紧扣评委提出的问题，补充陈述观点。本书选取了近年来长三角地区班主任基本功大赛的部分情境答辩题和征集的真实案例（58例），把问题分成了人际交往、个性特点、亲子关系、家校关系、师生关系、班级管理、学业指导、特殊情感、学生干部、突发事件、兴趣爱好十一大类，并对如何解决这些问题做了详细分析和解答。班主任可以通过学习并演练，进一步提高自己处理问题时的临场应变能力。

班主任如何运用教育机智应对班级突发事件，妥善解决各种问题，以上关于应变能力构成要素和应变能力修炼策略的介绍，试图为班主任提供一条专业自主发展的思路。通过这样的自我修炼，班主任看问题才能独具慧眼，才能有效指导学生解决成长中的烦恼，并在此过程中，体会自身专业水平提高的愉悦。

2021 年 8 月 1 日

第一辑

同伴相处问题——引导学会接纳

现代社会,人都是以群体形式存在的。班级,是学生进入学校教育的第一个正式群体。作为个体,每个学生都需要融入这个群体,同时也要与群体中的每个成员和谐相处。在人际关系处理上,接纳是一种开放心态的表现,接纳他人是一条交往规则。对学生来说,对个别"问题同学"或"特殊同伴",更要学会接纳。要做到这点有两条标准:一是思想认识上的宽容;二是实际行动上的接受。

1 春游活动中，有个"淘气鬼"学生不被同学接纳

> **情境呈现**
>
> 小强是四年级的学生，平时很淘气，上课不遵守纪律，总要影响全班同学听讲，还比较自私，同学们都不喜欢他。这次春游，要求全班以小组为单位在公园里进行拓展活动，由学生自愿结合组成小组，但没有一个小组愿意让小强加入。面对这一情况，作为班主任，你会怎么做？
>
> （来源：第九届长三角地区中小学班主任基本功大赛小学组情境模拟题第1题）

表象透视

本案例的问题聚焦点：一是小强同学的行为习惯；二是班级学生的人际关系。

问题诊断

小强平时淘气、自私，同学们都不喜欢他，所以春游时没有一个小组肯让小强加入，这是问题的一方面。另一方面，则是这个班集体缺少应有的包容心，使得小强这样的学生被拒之于团队门外，从而强化了小强的缺点。问题的焦点应集中在同伴相处、人际交往上。

解决这个问题，班主任首先要安抚小强的情绪，引导他认识自己的不足，促使他改掉身上的毛病。同时，引导全班学生多多发现小强的闪光点，伸出友谊之手接纳他、帮助他。再进一步引导学生思考，对"德性"上似乎有点"问题"、行为上常常"我行我素"的同学，接纳是不是一种体现宽容

的表现。

应对策略

1. 和小强谈心，促其反思

"小强，我知道你很难受，老师如果遇到这种情况，肯定也不会开心。"（引发"共情"）

"你想一想，同学们为什么都不愿意让你加入？"（促使反省）

"现在你要老师怎么帮助你？"（试探）

"如果有同学让你参加，你愿意吗？"（再试探）

"你愿意和老师分在一组吗？"（出其不意）

2. 召开主题班会

春游之前，班主任召开"快乐去春游，团结共成长"的主题班会，设计了如下教育环节。

◆ 第一个环节：活动意义我知晓。

开场白："同学们，下周我们要去春游了，大家知道春游有什么意义？"

进一步启发："春游活动，不能把它当作是去玩玩吃吃，而是要通过活动丰富课余生活，增强全班的集体意识，培养大家的团结协作精神以及组织纪律性。希望同学们在积极参与中学会互帮互助，做到人人快乐去春游，全班团结共成长。"

◆ 第二个环节：小组合作共进步。

首先提出春游以小组为单位组织活动，小组采取自愿结合的方式组成，小组里的每个人都要有"一荣俱荣，一损俱损"的集体意识。

然后提问："请同学们想一想，自己喜欢和什么样的同学在一组？"

对学生发言的小结："大家都希望自己小组的成员能遵守纪律、文明礼貌，有集体荣誉感，乐于助人。"

接着又提出："我班小强同学也乐意参加小组活动，请同学们议一议，他有哪些优点。"此时，班主任可视情况夸一夸小强的优点，如认真做值日生工作、对老师有礼貌等。再问："现在老师和小强共同加入一组，哪个小组愿意接纳我们？"

对学生表态的小结："我们这个班是一个集体，希望同学们团结友爱，彼此接纳，互帮互助，共同进步。"

◆ 第三个环节：安全事项记心上。

班主任以"情景剧"形式讲解春游中的安全知识，引导各小组制定游玩公约，内容包括：要有良好的集体意识、卫生意识、文明意识，遵守纪律，不做危险的事，不玩有危险性的游戏，不大声说话，不拿别人的东西，不抢座位等。通过小组讨论，提高学生的安全意识。

3. 春游进行时

春游活动中，全班一切行动听指挥，小组合作欢乐多。班主任不忘关注小强，发现他的闪光点，抓住契机及时表扬，在他做得不如意或者不会做时，不断指导，善意提醒。

4. 春游带来的收获

春游活动结束后，及时召开"春游中我的收获"主题班会，进行总结。班主任引导每个学生交流自己的体验感受，特别是鼓励小强谈体会。很多人说，这次活动不仅增强了集体荣誉感，而且收获了同学之间的友谊，小强也激发了积极向上的信心和勇气。最后，班主任将春游活动中学生的表现反馈给家长，希望家庭和学校密切配合，加强教育引导，使孩子学会接纳他人。

| 理论解读 |

首先，运用共情原理。春游前分组，各组都不愿意接纳小强。此时的小强心情郁闷、失落、沮丧、不开心，甚至气愤。班主任找小强谈心，从他的角度思考问题，体会他的感受，并把自己的想法告诉他，因势利导。这样的沟通是真诚的，能促进学生心理上的认同。

其次，集体教育与个别教育相结合。这里既有面向全班的思想教育，又有根据学生个人特点的个别施教，把教育全班和教育个人有效地结合起来。

针对小强的不足，以及全班同学对他的态度，通过主题班会课的形式引导大家思考与交流，让小强意识到自己的问题，明确努力的方向，由此推动学生进行自我教育、自我管理。

再次，参照发挥积极因素与克服消极因素相结合的原则。在主题班会课上，班主任既提及后进生的优点，帮助其树立信心；又教育其他学生发现自身不足，对他们提出适切的要求。其中"夸夸小强的优点"这一活动环节，旨在引导大家发现小强的闪光点。而班主任主动提出与小强一组，并试探"哪个小组愿意接纳我们"，这不仅让小强找到了自信，也让班级学生接纳了小强，还融洽了师生关系。

最后，基于家校协同育人理念，班主任将学生的表现反馈给家长，促使家班携手共同教育、引导孩子健康成长。

2 班上一个身体有缺陷的新同学，总是被他人嘲笑

> **情境呈现**
>
> 五年级某班转入一名新同学小明，他眼睛有残疾，性格比较内向，并有点自卑。班上个别调皮学生悄悄地给他取绰号，还常以此取笑他。今天，小明没来学校，班主任联系他妈妈后，得知小明十分沮丧，不肯来校读书了，他妈妈也很着急。如果你是班主任，将怎么做？
>
> （来源：第九届长三角地区中小学班主任基本功大赛小学组情境模拟题第2题）

表象透视

本案例的问题聚焦点：一是班级中总有人喜欢给个别同学起绰号；二是小明被同学起的绰号伤害了自尊。

问题诊断

"绰号"在班级人际关系中，既可以是协调共处的润滑剂，又容易成为矛盾激化的引爆剂。身体有缺陷的学生，对自身的缺陷往往十分敏感。他们承受着巨大的心理压力，也渴望其他人能关爱自己。学生小明，因为眼睛有残疾，所以性格内向、自卑，而且很敏感。小明转入新的班级后，自然成了全班的关注焦点。班上个别调皮学生针对小明的缺陷起绰号，还常常拿这个取笑他。同学不礼貌、不尊重的言行，强烈地挫伤了小明的自尊心。在自卑和自尊的交织中，小明陷入自闭状态，因而不肯上学读书。

学生自卑、自闭等心理问题的缘由，是班级缺乏平等待人、尊重弱者人

格的人际交往氛围。作为班主任，不仅要及时对小明进行心理疏导，同时还应就"绰号损人"现象对全班学生进行教育，引导大家正确对待同学的身体缺陷，学会运用积极的、正面的"绰号"营造温馨和谐的班集体氛围。从这个角度丰富"接纳"的内涵，从而体现接纳是一种尊重。

应对策略

1. 安抚小明情绪，给予更多关爱

班主任得知情况后，第一时间上门家访，安抚小明的情绪。

"小明，老师理解你现在的心情，很难过、很沮丧。"（引发"共情"）

"你有什么不愉快的感受就说出来，那样或许会好一点。"（指导方法）

"班上那几个同学确实做得不对，不应该给你起这样的绰号，还取笑你，老师一定会批评他们的。"（表明态度）

"每个人都希望自己是一个完美的人，也就是'爱美之心，人皆有之'。但如果老天给了我们一些不完美，甚至是与生俱来的缺陷，那我们该怎么办呢？"（引导）

"人要接纳自己的不完美（缺陷），用真才实学来证明自己不比别人差。老师不是一个以貌取人的人，老师更希望每个同学都能阳光、快乐、健康地成长，老师也相信你一定可以做到！"（唤起自信）

2. 找有关学生谈心，让他们认识自己的错误

"小强等同学，你们拿小明的身体缺陷起绰号，还常常取笑他，有什么意图？"

"如果此类事情发生在自己身上，你们会有什么感受？又将如何做？"

"针对别人的缺陷或不足取绰号，是不尊重他人的行为，会伤害同学的自尊心。"

"《中华人民共和国未成年人保护法》规定，侵犯人格尊严权的，受害人有权要求侵权人或请求人民法院责令侵权人停止侵害、恢复名誉、消除影响、赔礼道歉，并可以要求精神损害赔偿。"

"你们觉得自己应该怎样改正？"

3. 召开主题班会，对全班进行教育

对于班上一些学生彼此乱起绰号这一问题，班主任可以组织一次"该不该给同学起绰号"的主题班会课，设计如下教育环节。

◆ 第一个环节：调查结果反馈。

班会课前，班主任发动班干部设计"关于绰号"的调查问卷，并在班级里开展调查。班会课开始，反馈调查数据，提出分析报告。

◆ 第二个环节：再现真实情景。

以"情景剧"形式呈现同学之间因为互相给对方起不雅绰号而引发矛盾冲突的场面，随之提问："大家想一想，我有没有给同学起不雅的绰号？如果我遇到被人起了不雅绰号这样的情况，该怎么办？"先组织小组讨论，再全班集中交流。

◆ 第三个环节：追溯绰号历史。

由学生代表介绍古代历史上的名人绰号，并分析这类绰号是基于名人的某些优点和性格特征而起的，使大家体悟绰号文化的博大精深，从而明白起绰号是一门学问。也就是说，起优雅的绰号要联系一个人的特点、性格等因素考虑，而不是随口一说。

◆ 第四个环节：让"绰号"变"雅号"。

在愉快的音乐声中，每个学生在卡片上写上要赠给对方的"雅号"，并附上自己的祝福和希望，然后送给对方。同学之间互赠卡片，增进了彼此友情，融洽了人际关系。

4. 整合多方力量，助力小明摆脱自卑心理

一方是班主任自己，在日常工作中要善于发现小明身上的闪光点，多在全班同学面前表扬他，让他发觉自己原来也很棒，由此找回自信。另一方是学校的心理教师对他进行辅导，帮助小明克服自卑心理。还有就是家庭方面，班主任通过向家长提供科学育儿知识，引导他们帮助孩子走出自卑的泥沼。

> 理论解读

首先，充分运用关爱、尊重学生等教育原则。无论是教师还是班集体，只有尊重学生的人格，保护学生的自尊，平等地对待每一位同学，才能使所有学生在学习生活中有尊严感、安全感、愉悦感，学生的智力、潜能也才能得到充分发展。本案例中，班主任针对小明的困扰情绪，引导他正视自己、悦纳自己，并促其感受由此带来的温暖，从而唤醒了小明的自信。

其次，运用个别教育与集体教育相结合的原则。班主任不仅和有关学生谈心，进行个别教育；还组织了主题班会课，引导学生正确认识"绰号"，尊重每个同学，不起不雅绰号；尝试学习欣赏同学的优点，也要积极应对别人给自己起的"绰号"，以适当的方式维护自己的尊严。

最后，运用教育的一致性原则。乱起"绰号"问题的解决，要将针对班集体的教育与遵循个别学生特点的教育统一起来。对班级来说，是接纳有身体缺陷的同学；对当事学生来说，是融入这个集体。只有使两者保持一致，才能为学生相处营造好的人际环境。

3 班级分组时，一名"差生"被大家嫌弃

> **情境呈现**
>
> 班主任组织全班学生通过自主选择，组建四人学习小组，开展组内合作、组间竞争，实施效果不错。可没过多久，学生小李等三人来找老师，说："小王太笨了，教都教不会，下课就玩，喊他订正作业也不听，我们申请换组员。"小王后来对老师说："小李他们只管自己，都不肯教我，我要换组！"作为班主任，你会怎么做？
>
> 〔来源：第九届长三角地区中小学班主任基本功大赛初中组（备用）情境模拟题第2题〕

表象透视

本案例的问题聚焦点：一是班级中的人际关系；二是小组合作学习机制的完善。

问题诊断

小组合作学习的目的，是促使学生相互帮助、共同进步，使每人在学习上都能得到充分发展。本案例中，为建立"组内合作、组间竞争"的小组合作学习促进机制，班主任让全班学生采用自主选择的方式组建四人小组。因为有"组间竞争"这一条，学生都选择学习强手建组。而小王"太笨、教不会、贪玩"，组内同学要求调换他。小王则因为"他们只管自己，都不肯教我"而产生抵触情绪，也要求换组。问题的根源，是小组合作缺少帮扶、激励等制度，组内的凝聚力尚未形成。

对学习不好的"差生",要聚焦怎么通过帮助他搞好学习来接纳他,从而体现接纳是一种互助。班主任可以采用异质组合原则,使每个合作小组都由不同层次的学生组成,并在组内开展"结对子"活动,让不同层次的学生之间实现良性互动,还可以建立"合作进步奖"等激励机制,提高小组成员的合作积极性,加强小组的凝聚力。

应对策略

1. 与相关学生谈心

班主任找来小李、小王等学生,做起他们之间的调解员。

"小李同学,你提出要换学习强的组员,说明你有集体荣誉感。在这一点上,老师还是要表扬你的。"(给予一种"肯定")

"请你说说,你们小组的合作学习平时进行得如何?"(了解)

"你反映了小王的问题,那你有什么办法可以让组内的合作学习做得更好?"(引导)

"小王同学,你觉得他们都没有好好教你,所以心情很沮丧,是吗?"(引发"共情")

"请你说说,自己平时是如何参与小组合作学习的?"(了解)

"如果你还是以原来的方式参与小组学习,你觉得组内其他同学会接纳你吗?"(促使反省)

"老师知道你是一个积极上进的学生,你觉得自己可以在哪些方面做一些改变,就能和组内同学一起进步?"(期待)

"老师希望每个同学无论在哪个合作小组,都要发扬团结友爱、互帮互助的好风格。"

2. 召开圆桌会议

为进一步完善小组合作学习的运作机制,班主任以"团结力量大"为主题召开一次圆桌会议,引导学生就小组合作学习制定相关制度,会议主要环节设计如下。

◆ 第一个环节：说说议议。

围绕小组合作中的故事，引导学生分享各组的成功经验。

◆ 第二个环节：情景思辨。

针对小组合作学习过程中暴露出的问题，引导学生通过分析、讨论，找出问题根源。

◆ 第三个环节：集思广益。

如何解决合作过程中的问题，各小组提出自己的妙招。引导学生以主人翁的姿态出谋划策，在此基础上推出"结对子"互助活动，落实每个人在合作学习中的职责，让学生对团队有认同感和归属感，以提高团队的凝聚力。

◆ 第四个环节：完善规则。

基于"组内合作、组间竞争"的要求，班主任引导学生结合在校学习生活，完善班规，细化各项制度，增强学生的纪律观念，培养学生的竞争意识，逐步实现自主管理、自我教育、共同进步。

3.实行阶段性表彰

经过一段时间，班主任组织学生开展组内互评，引导他们在评价同伴时要有据可依，有话可说；培养学生对人、对事都要保持客观公正的态度，正确看待他人的不足与进步。同时，设计组内互评表，聚焦合作中的学习态度、质量以及是否有自己的独特想法等进行评价。组间互评，主要是对合作小组集体做出合理评价，评出团队金鹰奖、"结对子"进步奖。评选采取民主推荐、公开投票的方式进行，以提高学生参与意识，增强集体荣誉感，营造良好的班风。

| 理论解读 |

首先，运用疏导原则。以积极引导、说服教育为主，促进学生发扬优点、克服缺点。本案例中，学生小李要求换组员，是集体荣誉感的促使，所以班主任首先予以肯定。但在疏导中又不急于表达自己的观点，而是请他说说小组合作学习的情况，从中了解事情的经过。由于小李、小王都是站在自己的立场说对方的不是，班主任通过摆事实、讲道理、因势利导、循循善

诱，基于学生的自尊心和积极向上的心理，引导他们学会反思，鼓励他们不断前进。

其次，突出以生为本理念。现代教育强调科学民主的管理思想，"以人为本""以学生发展为本"已成为教育领域的共识，"圆桌会议"是一种推进班级民主管理的有效举措。班主任以这一方式召开班级会议，旨在激发学生的主人翁意识和参与积极性。针对小组合作中出现的问题，引导学生商讨解决对策，通过深入讨论达成共识。这一过程强化了学生的主人翁意识，提高了学生的自主管理能力。

最后，强化激励教育。一项班级管理措施的落实，一定要有评价激励机制做保障。对组内合作的评价，有利于发挥学生的主观能动性，激励学生积极参与到小组合作中去。对组间的评价，有利于培养学生的集体荣誉感，增强合作小组的凝聚力，使学生认识到良好的团队合作是取得成功的重要保证。

4 寄宿生被人"投诉"卫生习惯不好，当事人不以为然

情境呈现

开学没有几天，一些男寄宿生就陆续向班主任"投诉"小明。A说："他今天又没洗澡，身上都有异味了。"B说："他把脏袜子扔在我的脸盆里。"C说："他不叠被子，我们宿舍也被连带扣分。"这些问题都和小明的生活习惯有关。班主任找来小明，他一脸坦然："我不会洗袜子，不会叠被子……"老师耐心劝导他，不会可以学。他更是坦言："家里从来不要我做这些，爸爸说只要管好学习就行，那些事有妈妈、奶奶做呢。"如果你是班主任，听了后会怎么办？

（来源：第九届长三角地区中小学班主任基本功大赛初中组情境模拟题第20题）

表象透视

本案例的问题聚焦点：一是生生人际关系；二是学生缺乏基本的生活技能，以及责任感缺失。

问题诊断

小明与同学相处出现问题，起因是个人生活不能自理。学生的生活自理能力是指日常照料自己生活的能力，也就是家务劳动的能力，主要有：衣帽鞋袜穿着、衣物床铺整理、洗漱洁身、餐饮取用以及打扫房间、洗涤衣服等。本案例中，小明因经常不洗澡、不洗袜子、不叠被子，遭到宿舍室友的

数落。老师找他谈话，他还振振有词说自己不会，在家里也从来不做。这说明他不仅缺乏劳动观念，而且缺乏集体责任感。根源在于家长包办太多，家庭对孩子的劳动教育意识缺失。

基于以上案例分析，班主任对学生集体生活要加强指导，重视宿舍人际关系的引导，运用集体的力量影响、带动小明养成卫生好习惯，以体现接纳是一种鼓励，并让他体会到集体生活的温暖。同时，有针对性地进行家教指导，纠正家庭教育中的误区。

应对策略

1. 家访

学生生活技能缺乏，与家庭有着直接的关系。要改变孩子的生活习惯，得从改变父母的观念入手。为此，班主任有必要进行家访，与家长协商，寻找解决问题的方法。家访中，班主任应与家长真诚交流，以达成教育共识。

"小明家长，今天来你家，是想了解小明在家里的学习、生活情况。小明在学校表现还是比较好的，能遵守课堂纪律，按时完成作业。不知小明在家情况如何？"（正面肯定为先）

"小明平时在家会不会帮助父母做一些家务？"（切入主题）

"孩子在长大，生活技能的培养可是一门必修课啊！"（传递理念）

"现在，小明宿舍的同学反映他不洗澡、不洗袜子、不叠被子，影响其他同学生活以及集体荣誉。孩子缺乏生活自理能力，我们做家长的不可将这看成小事。"（表明观点）

"父母都爱孩子，都甘心为孩子做好一切，但如果把孩子自己应该做的事也包揽了，不给孩子锻炼的机会，那孩子长大以后怎么办？"（分析利弊）

"天下没有不爱孩子的家长，爱孩子要为孩子的将来着想。孩子总有一天会长大，会独立，家长也总有一天会离开孩子，所以家长应该从小培养孩子的生活自理能力，这样才能放心孩子将来的生活。"（家教指导）

具体建议如下：

一是要树立"孩子的事情让孩子自己做"的观念，督促和鼓励孩子学会收拾自己的房间等基本生活自理能力。

二是适当训练孩子掌握一些生活技能。平时可以让孩子在家长的关照下，多做一些力所能及的事情，以培养他的生活自理能力。

三是给予孩子适当的帮助。当孩子自己没办法独立处理事情时，家长应给予孩子适当的帮助。

四是多和孩子交流，了解孩子的内心想法。教育孩子要独立做事时，家长要讲清楚这么做的目的和原因。

2. 召开主题班会

为了增强学生的集体荣誉感，班主任可以适时召开以"宿舍里的那些事儿"为主题的班会课，并预设如下教育环节。

◆ 第一个环节：名言导入出主题。

开场白：今天，我们有缘成为"一家人"，那就一起来说一说"宿舍里的那些事儿"。

◆ 第二个环节：宿舍温馨故事多。

引导学生从行为习惯、清洁卫生、团结互助等方面说说发生在宿舍里的温馨故事，感悟宿舍就是同学之间相互团结、互相帮助、共同营造的一个和谐温馨的家。

◆ 第三个环节：为了集体须努力。

创设问题情境：当个人生活习惯与环境卫生、宿舍荣誉发生冲突时，自己应该怎么办？引导集体讨论，促进达成共识——宿舍卫生关系到大家的健康，需要每个同学认真对待，树立"宿舍是我家，文明卫生靠大家"的意识。

◆ 第四个环节：共创宿舍新风尚。

宿舍环境对住在那里的每个同学的学习生活、行为规范、价值观念都会有所影响，因此大家要经常寻找问题，发现不足，及时解决，要多做自我批评，养成良好的卫生习惯，共同创建宿舍新风尚，促进文明生活。

3. 耐心开导

家访、集体教育之后，班主任及时找小明谈心。

"小明，老师知道你爸爸妈妈非常爱你，在家里什么事都不让你做。你无忧无虑地过着饭来张口、衣来伸手的生活。但是，人会长大，总有一天你要离开父母独立生活。所以，基本的生活技能是人生的一门必修课。"

"集体生活和自己家是有区别的，自己的事情要自己做，大家就能和谐相处。"

"通过主题班会课，你有什么新的想法？"

"不会做，不必很着急，慢慢学着做，相信你也一定能做到。"

理论解读

首先，运用教育一致性原则。青少年成长单靠学校教育还不行，需要学校和家庭、社会形成合力，尤其是家庭更为必要。本案例中，小明的卫生习惯不好，主要原因就是父母在家包办得太多。因此，改变孩子首先要改变家长。班主任通过家访，和家长分析利弊，提出改进意见。只有家校达成共识，才能形成合力、促进孩子学会生活自理。

其次，集体教育与个别教育有效地统一起来。本案例中，小明以"家里有妈妈、奶奶做"为理由，拒绝老师的教育。因此，班主任采用主题班会形式，发挥集体教育的作用，促使小明认识到自己的问题，再耐心开导他。这样，既促使集体接纳他，又引导他以积极行动融入集体。

5 学农分寝室时，一名有点不合群的女生被大家排挤

情境呈现

学农时，江老师的班级分到三男三女共六间寝室。学生对寝室分配比较关心，老师也理解学生的期待。分配办法是：先定室长，再由室长"组阁"。这样，学生相处和谐，对参加年级的文明寝室评比有利。但问题来了，女生小红向老师哭诉，三间寝室都不要自己。江老师找来三名室长，她们都说小红平时很自私，脾气不好，常常骂人，所以大家都不愿意吸收她。如果你是班主任，会如何做？

（来源：第九届长三角地区中小学班主任基本功大赛高中组情境模拟题第4题）

表象透视

本案例的问题聚焦点：一是学生的"品行"招人烦；二是班级同学人际关系的问题。

问题诊断

随着年龄的增长，学生的人际交往范围会越来越大，交往内容也会越来越多。在与人交往中，不可避免地会出现一些矛盾，"被排斥"是社会交往过程中的常见问题之一。本案例的学农劳动中，学生有难得一次的集体生活尝试，他们对此充满了期待。教师也理解学生的心情，寝室自由组合的方式就是一种体现。但在寝室安排中，出现了意外情况，女生小红受到排斥。究其原因，女生都说小红自私，脾气不好，还常骂人，所以被大家拒之门外。

这件事不仅反映小红在行为上有问题，而且暴露了班级同学之间的人际交往也有问题。

有鉴于此，班主任可以首先安抚小红"沮丧和悲伤"的情绪，引导她意识到自己的不足，并教给她一些人际交往的技巧。然后对全班进行教育，引导学生要多发现他人的闪光点，多包容个性不同的同学。"接纳"是一种交心的方式，体现同学之间的团结友爱。

应对策略

1. 安抚情绪，促其反思

"小红，同学们都不愿意和你住在一起，你心里肯定很沮丧、很悲伤，是吗？"（关心）

"你的感受，我能理解。"（共情）

"你现在是怎么想的，愿不愿意和同学们住一间寝室？"（试探）

"你有没有想过，同学们为什么不愿意接纳你？"（引导反省）

"站在她们的立场，你能理解大家为什么这样做吗？"（引导换位思考）

"你有什么办法可以解决这个问题？"（共商）

"别急！老师一定会帮你解决的！"（给予信心）

2. 和三名室长谈心

"你们说的拒绝小红的理由不是没有道理，作为一室之长总希望自己的室友都是彼此喜欢的。"（同理心）

"寝室就像一个家庭，需要有个一家之主。因为信任，所以委任你们为室长。每个人的性格存在差异，室长的职责是融洽室友之间的人际关系，化解冲突与矛盾，希望你们能够担当起这个职责，配合班主任搞好这次学农劳动。"（强化责任）

"大家说了小红的诸多行为问题，但如果我们只考虑自己的感受，一味地排斥小红、冷落小红，这样做是否有利于树立整个班级的形象？"（提出反思）

"虽然孤立、排斥一个人还谈不上校园暴力，但那是一种冷暴力，同样会让人身心受创伤。"（指出后果）

"你们说说，什么才是解决这个问题的最好办法？"（引导解决问题）

3. 召开主题班会课

为了建立和谐的生生关系，班主任组织了一次"相亲相爱一家人"主题班会课，设计如下主要环节。

◆ 第一个环节：歌曲导入出主题。

播放歌曲《相亲相爱的一家人》，请学生说说对"家"的理解。

◆ 第二个环节：班级生活快乐多。

引导学生回顾自己成长过程中难忘的、快乐的事，催发对自己班级的感激之情。

◆ 第三个环节：班级生活大家议。

以漫画形式呈现同学之间日常交往中出现的小摩擦，引导学生围绕情景中呈现的两难问题，开展思辨。通过小组讨论，交流多样观点；通过大组陈述，澄清价值观念。

◆ 第四个环节：我为班级献良策。

以小组为单位，分两次进行"同舟共济"游戏，每次由两组对决。学生通过实践体验，感悟团结合作力量大。以说出"自己眼中的别人"的方式，引导学生发现同学身上的优点。最后小结：增强一个班集体的凝聚力，需要大家学会相互欣赏、彼此接纳，使全班同学成为大家向往的相亲相爱的一家人。

| 理论解读 |

首先，运用共情、同理心原理。"共情"是一种能设身处地体验他人处境，从而达到感受和理解他人情感的能力。本案例中，教师和小红谈心的第一句话就运用了共情原理，从而拉近了师生之间的心理距离，为此后的沟通开了一个好头。同理心，就是换位思考。本案例中，班主任与三名室长的谈话，就是运用了"同理心"，不是简单地批评她们的做法，而是从她们的角度思考，以表示理解她们。

其次，采用疏导原则。江老师通过层层设问、循循善诱，让小红反思自己的行为，并尽力理解为什么别人会排斥自己，找到问题的根源。同时，也引导三名室长意识到自己做法的不妥之处，拒别人于千里之外，不仅不利于同学之间团结相处，更有损班集体的形象。

最后，运用集体教育原则。良好班级人际关系的形成，离不开同学们的共同努力。对本案例中的问题，班主任通过主题班会课，营造班级舆论氛围，引导学生互相包容，取长补短，学会彼此接纳，掌握相处之道。

第二辑

个性心理问题——教会纾解烦恼

学生中出现的问题,多数是心理问题,或者说大多与心理有关。学生的成长,最重要的是精神成长,而精神成长则与心理成熟密切相关。学生成长过程中产生的种种烦恼,需要从心理方面进行纾解。

6 一学生随便拿了同学的学习用品,坚决不承认

情境呈现

小敏带来了一支新笔,7岁的红红见了非常喜欢。趁别人不注意,她把它放在自己的兜里。事后,班主任知道了,便一再追问,可她就是不承认是自己拿的,说:"我也不知道是谁放在我兜里的。"如果你是班主任,将如何处理红红的"说谎"问题,又怎么为这件事与孩子的家长沟通?

〔来源:第九届长三角地区中小学班主任基本功大赛小学组(备用)情境模拟题第5题〕

表象透视

本案例的问题看似是孩子的行为习惯不好,但也存在着认知偏差。

问题诊断

儿童心理学认为,孩子随便将他人物品占为己有主要由两种心理因素引起:一是对自己感兴趣的东西充满好奇心,有一种强烈的占有欲望,而且很想马上获得;二是冒险心理驱使,以为拿了别人的东西,只有自己知道,其他人不知道,有一种既紧张又刺激的心情。当然,个别人还有报复、搞恶作剧等原因。案例中,7岁的红红随便拿别人的物品,被发现了还不承认。对孩子来说,如果这种行为第一次发生后没能得到应有的教育,接下来还可能会有第二次、第三次……这对孩子今后的成长将产生不利影响。面对这类问题,班主任可以通过家校协同育人去解决。

应对策略

1. 与家长沟通

沟通时机的选择，或是家长接送孩子时，或是预约家长来学校，或是约好上门家访。

问题设计：

"孩子平时有没有向家长提出给她买一些学习用品？"
"你们觉得孩子的日常需求是否得到了满足？"
"最近你们有没有发现孩子兜里有不是她的物品？"
"红红看到同学那里有自己喜欢的物品，就悄悄地拿走，放在了自己兜里。对这种事，家长怎么看？"

提出观点：

"知道孩子拿了别人的东西，家长不能不介意。那样，孩子会认为你默许了她的做法，慢慢养成不好的行为习惯。"

给家长的建议：

"首先，红红拿了别人的东西被发现，还不承认。这说明孩子有一定的是非观念，意识到拿别人的物品是不对的。对此，家长要让孩子进一步认识到不经允许把别人的东西占为己有是错误的，对孩子讲清楚不随便拿别人物品的道理。"

"其次，发现孩子有拿别人物品的行为，家长要重视。平时，要经常检查孩子的书包，即使多了一件小物品，也要问清来路。如果孩子说是同学送的，即使怀疑孩子说谎，那也不宜当场质疑，可通过其他途径核查，不要轻易定性孩子'偷'。总之，家长对孩子拿别人东西不能视而不见，以防患于未然。"

"第三，希望家长教育孩子从小树立'所有权'观念。比如，孩子的衣柜与玩具要和成人的东西分开放，孩子需使用家长的物品，要先征得家长同意。同样，家长使用孩子的物品，也要征求孩子的意见。还可以经常问孩子

'这东西是谁的',以强化'所有权'意识,培养孩子的好习惯。"

2. 召开主题班会课

小学低年级学生的心智发育远未成熟,他们对新的东西充满好奇,想得到它又不知如何索取,加上自控能力差,所以随便拿别人东西的现象时有发生。为此,班主任可以通过"不随便拿别人东西"的主题班会教育学生明辨是非,课的主要环节设计如下。

◆ 第一个环节:创设情境,引出主题。

先向全班展示五颜六色的各种学习用品或玩具,然后问学生:"同学们喜欢这些漂亮的东西吗?喜欢这些物品,可以随便拿吗?"由此引出"不随便拿别人东西"这一主题。

◆ 第二个环节:情境讨论,判断是非。

引入两个卡通人物:露露和欢欢。露露喜欢欢欢的彩笔,就随便拿走了。欢欢发现彩笔不见了,很着急,就四处找。提出问题:露露能不能随便拿走欢欢的彩笔,为什么?露露喜欢这支笔,应该怎么做?通过讨论得出结论:随便拿走别人的东西,会给别人造成麻烦,这至少是不礼貌的行为;认识到错误后,应该立即道歉,求得对方原谅。

◆ 第三个环节:换位思考,诱导体验。

发问:"如果我的物品被人拿走了,我的心情会怎么样?""如果我的物品被人拿走了,那么我也去拿别人的物品,这样可以吗?"分别引导学生换位思考。

◆ 第四个环节:情境考验,养成习惯。

出示情境问题:遇到下面的情况,我们如何对待?

(1)小明喜欢小华的篮球,很想把篮球带回家去玩,他应该怎么做?

(2)小杰找不到自己的作业本,他想直接在同学小夏的书包里找,这样可以吗?

(3)在自己的铅笔盒里发现了别人的物品,该怎么办?

学生通过讨论,懂得了不是自己的物品就不应该去拿,不属于自己的东西不能要,错拿了别人的东西要归还,归还时要道歉等道理。

3. 单独与红红谈心

"红红,老师喜欢诚实的孩子,你身上还有哪些物品不是自己的?"

"如果因为喜欢,就随便把别人的物品拿来玩,这对吗?"

"那些不是自己的物品,是不是应该物归原主呢?"

"老师帮你一起找到它们的主人,好吗?"

"如果看到自己喜欢的物品,可以向爸爸妈妈要,也可以主动向同学借。"

"不要害怕,知错就改依然是个好孩子。"

理论解读

现在,不少家长对孩子的需求往往过度满足,这容易给孩子造成一种心理定势:只要我想要的东西,就得有。孩子的需求如果得不到满足,就会出现"强占"或"私拿"行为,这是孩子的一个认知误区。也有的家长对孩子的要求过于严格,不允许孩子随意获得对他来说并非必需的东西。但是,如果家长既不给孩子提供,又不解释,那就会使孩子感到失望,很可能导致他把别人的东西拿来占为己有。

本案例中,班主任首先基于家校协同育人理念,进行家访,了解情况,指出孩子的问题,然后给家长一些建议,指导家长在家庭教育中要强化物品所有权意识。其次,通过集体教育与个别教育相结合,就事论理。针对班级里出现的"随便拿别人东西"的不良现象,以主题班会形式,组织学生讨论分析,引导全班明辨是非,形成正面的舆论导向。同时,对个别犯错学生进行心理疏导,促使其认识到随便拿别人东西的行为的错误所在。

7 一女生被班上同学欺负，诱发自杀行为

> **情境呈现**
>
> 小琴是个性格内向的女孩，她4岁时父母离婚了。她认为同学们因此看不起自己，不愿和她交往。一天，她放在桌上的文具盒被小斌碰落，小斌不但没把它捡起来，还恶语相加。想到自己的孤独，又觉得同学都讨厌她，心灰意冷的小琴爬到卫生间窗台上想往下跳，被人发现后制止了。如果你是班主任，面对这种情况将怎么办？
>
> （来源：第九届长三角地区中小学班主任基本功大赛小学组情境模拟题第19题）

表象透视

本案例的问题实质，是同学之间的冲突引发当事人产生心理障碍，进而出现极端行为。

问题诊断

心理学认为，家庭婚姻的破裂会导致孩子出现心理问题，如情绪不稳定，易愤怒、恐惧、悲伤、自我封闭，产生自卑心理、主观偏见等，相应的社交障碍也随之而来。本案例中的小琴，幼时父母离异，自身性格内向，感情容易受到冲击，常常表现出强烈的负罪感，觉得父母亲分开都是因为自己的错。与同学相处，也总以为别人看不起自己，不愿和自己交朋友。这种自卑、猜疑、孤独的心理状态，又往往与强烈的自尊心相伴，在行为上极具反抗性，一旦发现他人对自己不利的言行，便会马上对抗。小斌的恶语相加，

是这个问题爆发的导火索，于是小琴就以"爬到卫生间窗台上想往下跳"的极端行为予以反抗。而她的这一行为，恰恰表现出被欺负后的消极、悲观、无助心理，直至感到绝望。

应对策略

1. 安抚学生情绪，关注情感交流

班主任得知小琴跳楼事件，首先应从理解的角度表达对她的共情，在心理上给予小琴真正的帮助："小琴，老师看到了你的痛苦。"

其次，通过情感交流，表达自己想帮助她的想法。班主任可以伸出自己的双手抚摸她的肩膀，亲切地说："你是一位懂事听话的孩子，不会无缘无故地做出这个举动。是不是遇到什么不开心的事？如果信得过老师，不妨告诉我，让老师和你一起想想办法，老师永远是你坚强的后盾。"

班主任伸出一双援手，会给她带来希望。如果学生愿意诉说，她的情绪就找到了一个出口。

"看来，你很在乎同学们对自己的看法，如果真如你所说的，那确实是一件不该发生的事。"

此时，班主任要耐心地倾听，并适时回应，表示理解，进而表达出自己诚挚的态度："小琴，别怕！你那么懂事听话，老师喜欢你！老师愿意陪伴着你一起去面对。"

待小琴情绪稳定后，班主任可以带她去心理咨询师那里寻求专业辅导。通过专业人员的疏导，缓解她的紧张情绪，避免她再度做出极端行为。

这期间，班主任再找小斌谈心，让他复述事情经过，促其反思自己的行为，并主动向小琴道歉。

2. 及时联系家长，开展家教指导

与此同时，班主任应马上联系承担监护权的学生家长，进一步了解情况，并给予专业指导，把保障孩子安全置于第一位。

提问1："小琴妈妈（或爸爸），孩子平时在家时，情绪怎么样？"

"家庭婚姻的破裂，会给孩子造成很大的伤害，孩子的情绪往往不稳定，还会产生易愤怒、恐惧、悲伤、自卑、自我封闭、主观偏见、社交障碍等心理问题。"

提问2："今天，小琴因为同学之间有摩擦，而出现自杀行为。如果这件事未能及时阻止，后果不可想象。在您看来，孩子这种行为的根本原因是什么？"

"根据专家的研究，一个想自杀的人，总觉得自己是世界上最孤独的个体，谁也看不起自己，不被理解，不值得被爱，对外部世界充满了绝望。所以，导致小琴想要自杀的根本原因，是她觉得父母不爱她，同学看不起她，她孤立无助，很无奈。"

"作为家长，无论大人关系如何，都应及时弥补孩子情感上的缺失，舍得花时间和孩子沟通，让孩子感受到亲情的温暖，让孩子能有个说心里话的港湾。"

具体建议如下：

第一，家长离异了，双方在教育孩子的问题上还是应该做到心理相容，并且经常与学校老师联系，帮助孩子克服学习、生活上遇到的困难。

第二，家长不要让自己的负面情绪影响孩子，让孩子承受过多的精神压力。

第三，每天关注孩子的情绪，问问孩子"今天心情怎么样"。孩子情绪低落时，要及时开导。

第四，每天对孩子说一些积极的肯定性语言。

第五，孩子有负面情绪，首先要注意"接纳"，然后是"共情"，接下来是疏导。

3. 召开主题班会，营造互助班风

小琴的偏激行为对班级造成了一定的负面影响，为了在全班建立帮助小琴的伙伴支持系统，也为了营造良好的班风，班主任针对此次事件，召开"'慧'交往，共成长"主题班会课，主要环节设计如下。

◆ 第一个环节：回忆往昔，明主题。

播放学生平时交往的照片，呈现同学情，引出主题。

◆ 第二个环节：现状调查，找问题。

开展班级交友情况问卷调查，从中发现：学生认识到友善在交往中的重要性，也渴望与人友好相处，并有迫切解决个人成长过程中交往问题的强烈

愿望，但缺少一定的方法。

◆ 第三个环节：案例剖析，知危害。

出示漫画《一个玩笑引起的冲突》，组织学生讨论、交流，启发大家认识到同学之间一起学习，难免会有摩擦，但如果处理不当，就有可能发生难以预料的后果，从而感悟掌握交往方法、技能的重要性。

◆ 第四个环节：摆脱烦恼，"慧"交往。

将学生中出现的乱起绰号、以强欺弱、弄坏别人东西不道歉等现象，以视频或漫画的形式呈现，引导全班通过探讨贡献出摆脱烦恼的集体智慧。由此入手，既批评有此类问题的个别学生，也教育整个班级。

4.心理疏导与积极关注并重，培养健康心理

小琴心理问题的解决，不可能一蹴而就，而需要长期关注，经常疏导。对此，班主任可以从挖掘小琴的兴趣爱好着眼，转移她的抑郁情绪；并创设机会，在集体活动中培养她的积极情绪，让她通过陶冶性情，获得健康发展。如在班级中推出"结对子"活动，加强学生团结互助，帮小琴消除自卑感、孤独感，让她在班级里找到归属感。

理论解读

首先，运用共情原理。面对一个心理问题突出的学生，教师应该用专业知识进行疏导。虽然一时还不可能直接去除她的心理症状，但教师的陪伴是最好的支持。这里，教师要学会理解和倾听，由此开导、稳定学生的情绪。

其次，遵循家校协同育人原则。小琴心理问题的根源在于父母离异，要改善孩子的情绪状态，家长应该做出改变。为此，班主任向学生家长提出了几条建议。不管家长采用哪一条，只要能给孩子带来积极、愉悦的情感体验，就能帮助孩子将情绪变得好起来。

最后，基于集体教育与个别教育相结合的原则。小琴自杀行为的导火索是她放在桌上的文具盒被小斌碰落，他不但没捡起来，还恶语相加，这就强化了小琴的负面情绪。所以解决问题的另一个关键要素是协调小琴和同学的人际关系。本案例中，教师是通过组织主题班会解决问题的。班主任从呈现问题到案例分析、烦恼摆脱，引导学生提高自我教育能力，营造良好班风。

8 一初三女生因几次考试成绩不理想而备感压力，有了轻生念头

情境呈现

初三女生晓勤的妈妈来校向班主任反映：女儿趁自己外出买菜，关上房门，写好遗书，喝了农药；恰好自己提前回家，及时发现，才没有酿成悲剧。妈妈说，晓勤朴实勤奋，一心想考上当地最好高中的重点班，然而最近几次模拟考成绩都不理想，她觉得头上没有了蓝天，阴霾压得自己喘不过气来，于是有了轻生的念头——这些话还是妈妈无意中在晓勤的日记中发现的。你如果是班主任，该如何应对？

（来源：第九届长三角地区中小学班主任基本功大赛初中组情境模拟题第9题）

表象透视

本案例的问题表象是学生因为学习成绩不理想，导致产生轻生念头，实质则是抗挫折能力低下、心理素质不良。对此，班主任要进行心理危机干预。

问题诊断

任何事物都具有两重性。人有好胜心，可以激发人上进，让人斗志高昂，坚持朝着自己的目标走下去。但是，太过于争强好胜，有时会给自己带来很大压力，一旦承受不住，便会崩溃。本案例中的初三女生晓勤，平时学习勤奋，又特别争强好胜，还给自己定下"考上当地最好高中的重点班"这

样一个目标。殊不知，这个目标无形中给了自己很大压力。而现实与理想往往有差距，几次模拟考成绩不理想，使她的心情变得非常沮丧。内心笼罩着一重重阴霾，被压得喘不过气来。于是，晓勤有了轻生的念头。由此可以看出，产生这一行为的原因，一方面是她的知识结构有缺漏，导致学习成绩不稳定；另一方面是自身抗挫折能力低下，应对考试的心理素质不良。针对晓勤的现状，班主任首先要积极引导，帮助学生放下思想包袱，轻装前进；然后再会同任课教师加强针对性辅导，努力帮助她提高学习成绩。

应对策略

1. 与学生谈心，耐心开导

晓勤的妈妈发现孩子有轻生的念头，第一时间就及时和教师联系。班主任知情后，首先要安抚学生的情绪。为此，可以找个安静的地方和她谈心，营造一种轻松的氛围，以缓解她的精神压力。

"晓勤，你是一个有追求、很要强的好学生。这几次考试成绩不理想，老师知道你很难过，这个能理解。可是，你为什么要选择这种行为呢？"

引发学生说出自己的苦恼与困惑。

"考试成绩不理想，容易产生焦虑、沮丧和内心无助等情绪，而过度的紧张与焦虑会使自己萌发一些不合理的想法和极端的行为动机。其实，每个人的人生旅途中，都会经历许多挫折，没有一个人可以一帆风顺地走完人生全程。如果能以积极的心态去应对，那么挫折何尝不是一个磨炼自己的好关口呢？"

"能告诉老师吗，你为什么一定要给自己定下必须考上当地最好高中的重点班这一目标？"

"如果将这个目标调整一下呢？"

启发学生懂得目标一定要切合实际。

"其实，努力的过程比得到的结果更重要！通过经历过程，我们可以获取经验、方法和教训，最重要的，还是锻炼自己。只要尽己所能，也就够了。人生中，我们会遇到各种各样的挫折。面对挫折，我们该怎么办？我就说说自己的亲身经历……"

教师讲述自己曾经遇到的挫折，当时又是如何积极面对的。

"既然考得不理想已经成为过去时，那么当下我们可以总结考试失利的原因。"

师生对话中，班主任指导晓勤分析考试成绩不稳定的原因，给她提供合理的学习方法和科学的学习建议，帮助她改善目前的学习状态，建立科学完备的知识体系。

2. 与学生家长沟通，达成共识

班主任做好晓勤的心理疏导之后，应与学生家长及时联系、沟通，全面了解情况，商量对策，达成教育共识。

"晓勤妈妈，家里有没有对孩子的学习给过压力？"

"平时孩子情绪发生变化，家长有没有注意到？"

"孩子做出这种行为，说明她内心非常脆弱，而且抗挫折能力比较弱。"

为了让学生有一个健康的、积极向上的家庭环境，希望家长做出一些改变，班主任对此可以提出如下几点建议：

第一，家长要保持稳定的心态，不要流露出焦虑情绪，让孩子受到自己负面情绪的影响。

第二，家长要多和孩子交流，在言语上让孩子感受到自己在父母心中是重要的，是最优秀的。

第三，要抓住时机对孩子进行情绪疏导。比如说："女儿，妈妈发现你最近心情不是很好，不妨把不开心的事说出来，妈妈会帮助你的。"让孩子愿意对父母说出自己的心里话，实际上就是对孩子负面情绪的最好纾解。

第四，当孩子自我否定时，家长要引导和鼓励孩子看到自己的优点，告诉孩子升学不是人生的唯一目标，对考试只要自己尽力了就好。

3. 培养学生抗挫折能力

对学生进行心理疏导不可能一蹴而就，班主任在持续关注晓勤的同时，应通过班级集体教育，纾解学生心理压力，培养学生抗挫折能力。如组织召开"笑对挫折，让生命绽放美丽"的主题班会，其主要环节可做如下设计。

◆ 第一个环节：播放电影《泰坦尼克号》片段。

让学生观看沉船经过片段，然后交流感想。

◆ 第二个环节：直面现状，认识生命的价值。

由社会案例"南京金坛四中初三学生吉云丽报到后第二天在家中喝剧毒农药自杀"，引导学生思考：（1）吉云丽同学的做法是解决问题的唯一和最佳的方法吗？（2）你认为自杀是让人解脱的方式吗？（3）她的这种行为会给周围的人带来怎样的影响？（4）她这样做是热爱生命的表现吗？

◆ 第三个环节：案例分析——对待生命应该持怎样的态度。

列举各种名人故事，感悟他们在逆境中不断成长的顽强精神。

◆ 第四个环节：笑对挫折，用正确的方式看待生命成长。

学生参照以上案例，开展分组讨论，每组派一名代表汇报交流。教师根据各组发言，归纳总结，并把学生的各种建议要点整理在黑板上。

班主任总结：人的生命只有一次，面对挫折，我们怎样做才能让生命更有意义？通过讨论大家有了共识——珍爱生命，直面挫折。最后，愿我们每个人都能做生活的强者！（播送歌曲《真心英雄》）

| 理论解读 |

首先，运用共情原理。案例中，晓勤对自己要求高，但是心理抗挫折能力弱，所以出现轻生念头。班主任在整个疏导过程中，对她的情绪予以理解，并引导她宣泄不良情绪，然后再试着去开导她。教师还打开自己的心扉，用自己的经历去启发学生。

其次，运用一致性教育原则。增强学生的抗挫折能力，家庭是不可缺少的场所，因为孩子在家庭生活中会遇到很多挫折。本案例的一个重要干预措施是家教指导，教师通过与家长沟通，全面了解学生情况，并提出针对性建议。因为只有改变家长，才能改变孩子。

最后，运用活动育人原则。抗挫折能力是学生成长过程中需要培养的一项重要心理素质，它能促使学生在经历生活中大大小小的挑战后，做到困难面前不畏缩、不逃避。初三学生，面临升学考试，每个人或多或少都有心理压力，为了培养学生一定的抗挫折能力，班主任有必要通过主题班会形式，引导学生掌握抗挫折的方法和技能，从而做到从容迎考。

9 一男生上网成瘾,又在班级讨论游戏,造成不良风气

> **情境呈现**
>
> 学生小李读初一时开始对上网感兴趣,家人以为男孩喜欢打电子游戏也很正常,没有过多干涉。时间一长,小李便沉迷于网络游戏,上网无节制,尤其在疫情期间更是无心学习。父母有所警觉后,就控制其上网。亲子之间控制与反控制的矛盾不断升级,小李的上网行为也愈加不停。复课后,他经常趴在课桌上睡觉,作业也不按时完成,还常向同学炫耀网络游戏,在班里造成不良风气。你如果是班主任,将如何应对?
>
> (来源:第九届长三角地区中小学班主任基本功大赛初中组情境模拟题第4题)

表象透视

本案例的问题实质,是典型的沉迷网络游戏,此类问题男学生居多。

问题诊断

网络游戏,曾经被人称为"电子海洛因"。上网成瘾的学生,灵魂空虚、学业荒废,有些甚至彻夜不归,还有偷窃行为。对此,如不及时进行教育,将会影响他们健康成长,也会危害社会。网络游戏本身诱惑力大,本案例中的学生小李读初一时就开始对上网感兴趣,父母没有很好引导,他便沉迷于网络游戏。等父母有所警觉,想对其上网进行控制时,孩子已经不能自拔,由此导致亲子冲突。小李在校更是无心学习,还经常与同学讨论网络游戏,给班里带来不良风气。

应对策略

基于这些问题，班主任在加强个别教育的同时，应该关注班级舆论的引导。为此，可以开展如下系列教育活动。

1. 和小李谈心，以理服人

"小李，网络世界很精彩，你说说看，网络上的哪些游戏吸引了你？"

"玩游戏是需要时间的，如果把一天的大量时间用在电脑游戏上，那么学习时间会大大减少。一旦学业荒废了，那人的一生就会一事无成啊！一个学生如果一味地沉迷于网络游戏，那么将来会有怎么样的后果？我给你举几个例子，证明沉迷网络游戏最终导致的后果是：影响正常生活，荒废学业，浪费大量钱财，失去健康，甚至诱发违法犯罪行为。"

"现在你迷上网络游戏，白天无精打采，经常趴在课桌上睡觉，作业不能按时完成……知道吗，老师担心你呢。"

"不要为了玩游戏，搭上了自己的前途，这是老师不想看到的啊！"

"当然，上网玩游戏并非有百害而无一利。只要合理安排时间，游戏、娱乐能够放松身心。如果能用好网络这个不可多得的'老师'，学习知识、增长技能、开阔眼界，使其变成学习的好帮手，那是很好的想法。"

"小李，老师能不能和你约定，控制玩游戏的时间，让自己有充足的睡眠时间，保证上课精神好，每天按时完成作业。"

2. 与小李家长沟通，加强家教指导

"小李爸爸（妈妈），你们知道是什么原因让孩子沉迷于网络游戏的吗？"

"孩子的问题，一定程度上和家庭的教养方式有关。首先，家长自己也许对网络的利弊了解不多，孩子就缺少正确引导。其次，家长如果不了解孩子的需求，缺少对孩子的陪伴与关爱，就容易导致孩子沉迷网络。"

"孩子迷恋网络游戏，是有时间积累的，只是家长没能及时发现，或者是发现了而没有及时阻止。让沉迷于网络游戏的孩子戒掉'网游'，家长要

花一定工夫,要有打持久战的思想准备。"

"孩子如果沉迷于网络游戏,就会产生越来越强烈的依赖心理和上网渴望,不能操作时便会出现情绪烦躁、心情抑郁等症状。沉迷于网络游戏,对孩子的视力、神经等会造成损害,还会使思维的灵活性下降,影响学习成绩,甚至诱发寻衅滋事、勒索财物、打架斗殴、参与赌博等违纪违法行为。"

具体建议如下:

第一,家长要关注与挖掘孩子的兴趣点,并积极引导,使孩子得到扬长发展。家长还要善于观察孩子日常的行为表现,了解孩子的心理需求,不可唯成绩论。

第二,可以和孩子一起商议,订立家庭契约,规范上网行动。现在,网络游戏已成为当今中小学生生活中不可或缺的一部分,"堵"是行不通的,关键在"疏"。孩子每天可以玩多长时间游戏,什么条件下可以玩,要把这些规矩立好。同时,也要让孩子正面地了解网络游戏到底是什么,让其养成拿得起、放得下的平和心态。

第三,丰富家庭活动,融洽亲子关系。平时,和孩子一起散步、运动,外出观看电影、享受美食等,或者在家里一起打扫卫生、做饭。这些共同经历,能给孩子带来愉悦感和成就感。孩子的需求在现实生活中得到真切的满足,不仅能改善亲子关系,更能减少孩子对网络的依赖性。

3. 召开主题班会

以"拒绝网络成瘾,健康文明上网"为主题,召开班会课,主要环节设计如下。

"查一查"。调查学生上网情况,由学生汇报《中学生上网情况调查分析》。

"演一演"。以情景剧形式呈现学生上网片段,诉说"网络,让我欢喜让我忧"。

"辩一辩"。学生围绕"中学生上网的利与弊"开展辩论,辩后,班主任指出:有报告显示,90%的人认为中学生上网是"弊大于利";上网本身并没有错，互联网的开放性和跨地域性为人们工作和生活带来诸多便利，但网络在某种意义上就像鸦片，适量可以治病救人，过量就会害人不浅。

"议一议"。出示网络成瘾少年案例，围绕上网成瘾的原因是什么、成瘾之后会给家庭带来什么影响等问题，以典型事件引导学生分析。

"说一说"。学生围绕"以后自己如何正确上网"说看法，班主任归纳提炼大家提出的好方法。

"考一考"。播放常见的中学生上网玩游戏场景，以"面对网络诱惑，我们该怎么办"为题，引导学生反思，由此提高自己的辨别能力和抗诱惑能力。

理论解读

第一，运用个别教育与集体教育相结合的原则。针对小李沉迷网络游戏这一问题，班主任通过摸清情况，分析原因，对症下药，晓之以理、动之以情、导之以行，感化教育他。同时，组织主题班会，发挥集体教育的力量，营造正确的舆论导向，促使学生进一步认识网络的利与弊，引导全班正确利用网络，以实际行动合理安排课余时间，有节制地上网，健康上网。这样，通过个别教育与集体教育相结合，形成良好班风。

第二，运用一致性教育原则。预防未成年人沉迷网络游戏，一方面需要学校积极教育引导，另一方面离不开家庭的有效监护。没有家长的监督约束和陪伴陪护，无论宏观层面发出怎样的"洪荒之力"，落实起来都会大打折扣。为此，本案例中的班主任积极与家长有效沟通，既指出家庭教育不当之处，又给予针对性建议，以推动、促进家校共育。

10 一学生在网上玩游戏赚钱,还鼓动同学一起参与

> **情境呈现**
>
> 初二学生小明迷上打游戏,还在游戏直播中赚到了钱,据说一个月有 7000 元左右。课间,他经常和同学聊游戏攻略,聊网游平台,聊直播赚钱,还鼓动同学观看其直播并打赏,给班级带来了不好影响。一时间,很多男生跃跃欲试。小明因把大部分时间和精力都花在游戏上,上课睡觉,作业不做,成绩一落千丈。父母劝他,他竟说不读书也能养活自己。面对这样的学生,如果你是班主任,该怎么办?
>
> (来源:第九届长三角地区中小学班主任基本功大赛初中组情境模拟题第 12 题)

表象透视

本案例的问题有三个聚焦点:一是小明沉迷网络游戏,并在游戏直播中赚了钱;二是小明学业荒废,价值观偏差,家长教育乏力;三是小明还鼓动同学一起参与,影响班级风气。

问题诊断

有相当一部分中小学生凭着个人兴趣,迷上了网络游戏。他们由于缺乏自我控制能力,以致达到痴迷状态,深陷其中而不能自拔。本案例中的小明,还因能在游戏直播中赚钱,体验到了成就感、满足感。此后,他把大部分时间花在游戏直播上,甚至对父母的管教置之不理。他的这种行为已经在班级里造成了不好的影响。

迷上网络游戏只是一种表象，是学生内在心理需求的一种外显。如果不能解决学生的心理需求问题，治标不治本，就很难让他们摆脱网络游戏的羁绊。学生迷恋网络游戏，是班级工作中的一个棘手问题。对于中学生，简单说教、严厉制止的教育方式是收效甚微的。但无论如何，班主任要和家长共同配合，引导学生彻底挣脱网络游戏的羁绊。

▎应对策略▎

1. 个别谈心，耐心开导

"小明，听说你很喜欢打游戏，而且打得特别棒，是吗？"

"你在游戏中感受到了什么？"（预设：爽！在家里，父母这也要干涉，那也要限制；在游戏中，我才是真正的主人。）

"那你是怎么喜欢上打游戏的呢？"（预设：学习压力大，父母陪伴少，在游戏里能体验到成就感等。）

"游戏确实是一件很好玩的事，可以让人在那里放松自我，释放自己的机智、勇敢、激情，也可以让人无所顾忌，得到很多现实世界里无法得到的成就和荣耀。"（基于"同理心"）

"听说你打游戏还赚了钱，是吗？"

"嗯，这是很有成绩感、满足感的，老师也佩服你！"（基于"共情"）

"那么，你的父母是否支持你打游戏赚钱（预设不同意），他们为什么不同意呢？"（了解家长的观点）

"一方面，家庭经济还是可以的，不需要你赚钱贴补；另一方面，父母希望你好好学习。我这样说，对吗？"

"你赚来的钱怎么花？父母平时不给零花钱吗？"

"现在，打游戏已经影响了你的学习，上课睡觉，作业不做，学业成绩一落千丈，这值得吗？"

"难道你真的不想读书，靠打游戏来养活自己？你现在做好心理准备了吗？"

"我们分析一下，如果以游戏直播为职业，就需要熬夜，那会透支健康。第一，长时间面对屏幕，用眼过度少不了，会使眼睛干涩、红肿、灼热，视力下降，视网膜受到损伤等。第二，各种关节腱鞘炎、肌腱炎也都会出现，'鼠标手''网球肘'更是常见。第三，长时间的坐姿，不仅弯曲了脊椎、颈椎，而且对肺部损害极大，会出现自发性气胸等职业病。第四，每天十几个小时的训练，重复上万次的动作，打输了要打，打赢了要打，打烦了还要打，带着病痛继续打，爱好一旦成了职业，就不再是娱乐了，其精神压力带来的负面影响不可小觑。在这种环境里，你还快乐吗？"

"实际上，靠打游戏能养活自己的人少之又少，这个几率比考取清华、北大还要低。游戏可以重来无数次，但人生只有一次。在把游戏当作人生之前，老师希望你能认清前方的路，清醒地认识自己。老师希望你能够处理好玩网络游戏直播与学习的关系，在不影响学业的前提下，适当玩玩游戏还是可以的。"

"小明，你能理解老师的话吗？"

"你是一个活泼、聪明的孩子，老师相信你在学习上只要多花一点时间，也一定能成为优秀的学生。"

2. 家校沟通，指导家教

"小明爸爸（妈妈），我想和你们聊聊小明最近在学校的表现。"

"据说小明在家里玩网络游戏，一个月的直播能赚7000元，有这事吗？"

"现在，很多学生把上网作为同伴沟通的渠道，一块组队玩网络游戏，还买装备、比等级、打团战。他们喜欢通过网络游戏产生话题、交朋友，小明迷上网络游戏也有一段时间了吧？"

"那么，家长对孩子玩游戏持什么态度呢？"

"我想，家长都是明白人，都不希望自己的孩子沉迷于网络游戏。"

"你们觉得小明迷上网络游戏的真正原因是什么？"（预设：爱玩，刺激，能赚钱，特有成就感等。）

"小明说，他不读书也能自己养活自己，家长认同吗？"

"孩子的心智还不成熟，他们处于似懂非懂的年龄阶段，觉得通过网络游戏直播赚钱很容易；不知道以它为职业，会以牺牲自己的身心健康为代价。况且，现在的直播平台鱼龙混杂，一个合同就可能让一个人积攒的全部身家付诸东流，那真是得不偿失啊。"

"小明现在把大部分时间和精力都花在游戏上，上课睡觉，作业不做，成绩一落千丈。这样发展下去，学业荒废了，那该怎么办？希望家长好好引导。"

具体建议如下：

第一，家长要克制情绪。首先是保持冷静的态度，切忌用简单粗暴的做法阻止孩子玩游戏；要与孩子真诚地交流，了解孩子的需求和打游戏的想法，真正了解孩子迷上游戏的原因。

第二，家长要做孩子的榜样。首先尽量不在孩子面前拼命玩手机、刷抖音。其次，如果可能的话就放下手机，多看看书；或是和孩子下下棋、聊聊天，或是一家人出门散散步。这样做，更有利于孩子健康成长。

第三，家长要融洽亲子关系。在了解了孩子沉迷网络游戏的原因之后，家长应多陪伴孩子，经常带孩子去体验各种有趣的事。这不仅能融洽亲子关系，还可以发现并培养孩子的有益兴趣。孩子一旦有了其他兴趣，他对网络游戏的注意力就会转移。

第四，家长要培养孩子的社交能力。如在节假日、寒暑假，邀请孩子的朋友来家里玩，也可以和同学家庭一起组团出游，为孩子创设提高社交能力的机会。同时，家长要重视孩子在交往中的感受，让他产生追求美好生活的愿望。

第五，家长要培养孩子的规则意识。如与孩子商议制定家庭打网络游戏的规则，规范适度打游戏的时间。这样既能满足孩子的合理要求，也是引导孩子劳逸结合的策略。

3. 召开主题班会，营造良好班风

小明不仅自己沉迷于网络游戏，还游说班级同学观看直播并打赏，这就影响了班级风气。对此，班主任有必要以"网络游戏，你HOLD住吗？"为主题召开班会课，这节课的教育环节可做如下设计。

◆ 第一个环节：基于社会视角，了解上网现状。

介绍一份调查报告的结论：中小学生自制力差，对游戏的兴趣有持久

性，再加上爱玩的天性，因此很容易上瘾。网络游戏一旦上瘾，便很难戒除，其中30%以上的人属于痴迷网游型。

◆ 第二个环节：通过案例分析，知晓网游危害。

列举几个典型社会事例，剖析因为沉迷网络游戏而不能自拔，最终造成财产损失、身体伤害事故，甚至疲劳致死。由此归纳提炼，沉迷网游会给身心健康带来哪些危害。

◆ 第三个环节：引导畅所欲言，针砭网游直播。

组织学生通过诉说、倾听、讨论，在体验和互动中明辨是非，理性对待网络游戏，找到正确的上网办法；进而促使学生以把握自我价值为基点，妥善处理好娱乐与学习的关系。

◆ 第四个环节：提倡绿色上网，坚持从我做起。

引导班级营造正确的舆论导向，倡导绿色上网。在这个环节，还可以组织签名仪式。

此外，启发小明利用擅长的网络技术，为班级做好事。如委任他为班级的信息员，引导他创办班级电子小报等。然后，肯定和表扬这种行为，让他在全班受到尊重，从而使他建立起自信心和自豪感。

理论解读

现代社会竞争日趋激烈，学生也要面临考试、升学、就业等各种各样的压力，玩网络游戏便成了他们摆脱压力的途径之一。越来越多的中小学生沉迷网络游戏，而且出现了低龄化趋势。对此，教师和家长怎么办？禁止学生玩网络游戏，显然不可行。本案例中，班主任首先采用疏导的方法，在与学生及其家长沟通时，本着同理心，站在对方的角度表示理解，并因势利导、以理服人。其次，基于小明的行为已在班级里造成了一定的影响，采取个别教育与集体教育相结合的方式，在个别疏导的基础上组织主题班会，通过集体教育在班级中营造正确的舆论，促使、引领学生明辨是非，增强自控力，从而实现健康成长。

11 一学生感觉学习压力大，出现异常行为表现

情境呈现

高二女生小李最近觉得学习压力特别大，还为学习问题与妈妈争吵过两次，因而心情郁闷，睡眠不好。这两天，她又从新闻中看到高中生跳楼的报道，以致担心自己也得了抑郁症，于是感到更加郁闷，不时有一些异常行为出现。如果你是班主任，发现这种情况后会怎么做？

（来源：第九届长三角地区中小学班主任基本功大赛高中组情境模拟题第 3 题）

表象透视

本案例的问题是学业压力大、亲子关系紧张，由此造成了学生心理焦虑。

问题诊断

当今，造成青少年学生"成长烦恼"的主要原因有学业压力，以及亲子关系、同伴关系。本案例当事人小李由于学习压力大，与母亲有冲突，导致心情郁闷、睡眠不好，加之高中生跳楼消息的诱发，就猜测自己是不是也得了抑郁症。研究表明，心理状态不良的学生中，有 90% 的人都与家庭有关。有的是父母管得太多，有的是父母不理解孩子，平常和孩子很少交流，也有的是父母过度关注孩子的学习成绩。这些都会造成学生情绪低落，或者情绪变化很大而无法控制，以及没有心思学习等问题。要解决小李的心理问题，首先得全面了解学生产生焦虑的原因，了解家庭教育的状况，然后再给予

积极引导。

> **应对策略**

1. 与学生家长沟通，了解情况

"小李妈妈，你们有没有发现小李的情绪最近有变化？"

"作为父母，你们需要倾听孩子说话，关注孩子的想法，要和孩子建立牢固的依恋关系。"

"在学校里，小李情绪低落，上课无精打采，没法集中精力。在家里，她对家长提出的学习要求非常反感，这些都是压力大带来的行为反应。"

"高中学生在不同的学习阶段会面临不同的问题。高一时，需要解决初高中学习方法的衔接与学习思维的转换。到了高二，经过一年学习，学生中分化现象日渐显著。学业优良的，自主学习能力加强了，容易获得成功的心理体验；另一部分学生则有较多的学习挫败感，容易因为偏科而出现自卑等情绪。在高三阶段，面对高考的压力与升学的担忧，有些学生因为自我期望过高，加之父母的超高预期与要求，往往容易出现焦虑紧张等情绪。"

"对孩子，你们寄予怎样的期望，又是如何引导的？"（了解家长的想法和做法，从中发现问题）

"如果家长把主要精力和时间都放在孩子的学习成绩上，那么孩子的学业一旦受到挫折，就容易产生心理崩溃，自我放弃。因此，家长自己首先应该调整好心态，再培养孩子抗挫力，帮助孩子缓解压力。"

具体建议如下：

第一，家长要调整对孩子的期望值。孩子感受到学业压力后，很难在学校里释放自己的情绪。回到家里，家长要让孩子有休息和独立思考的时间和空间。面对孩子的情绪反应，可以创设一个让其独自"哭一哭"的机会。家长还要清楚孩子的能力阈限，不能超出他们的能力阈限提要求，不然孩子不但完不成学习任务，还会丧失学习信心。

第二，通过有效沟通，融洽亲子关系。"有效沟通"是指父母和孩子都可以说出自己真实的想法，即孩子在学习中遇到了哪些困难，希望家长提供哪些帮助，家长对孩子有哪些期望，这些期望是否会给孩子造成困难等。家长与孩子日常交谈时，应注意让孩子先说，自己首先做一个倾听者、陪伴者；即使孩子表露出很多负面情绪，家长也不应该武断地进行指责，或者满不在乎、高高在上地进行指导。

第三，家长和孩子沟通时，要鼓励孩子把压抑在心里的话说出来，同时教给孩子正确的减压方法。如呼吸放松法，先深深地吸气，然后屏住几秒钟，再用嘴巴呼出。由此循环往复，直到自己感到身心放松为止。

第四，让孩子体验成就感。家长要善于发现孩子的进步和闪光点，并给予适度表扬，让孩子在成功中获得不同程度的满足感，进而体验成就感，激发进取心。这样，孩子才不怕去挑战学习或生活中的困难，也更容易从压力过大的困境中走出来。

2. 和学生谈心，纾解其心理压力

"小李同学，老师发现你最近情绪不是很好，担心你的身体，也愿意帮助你，能告诉我是什么原因吗？"

"学习压力大，与妈妈又发生了冲突，因此自己心情郁闷、睡眠不好，还担心得了抑郁症……你现在很郁闷，是吗？"

"一个人的情绪无论好与坏，都是心理活动的正常反应。人遇到好事，会很开心，甚至兴奋；遇到不顺的事，自然就很郁闷。当然，一旦有了负面情绪，就一定要排解，调整好心态，让自己快乐起来。"

"老师问你几个问题，你的学习目标是什么？你的学习动力是什么？你是如何看待自己的学业成绩的？"

（预设：考上大学；以后找个好工作，或者父母要求高；成绩好，担心被别人超过，成绩不好，会被家长批评，于是恐惧、灰心。了解学生对自己的要求，然后因势利导。）

"老师知道你是一个积极上进的学生，但你有没有想过，无论考试成绩是好还是不好，总会给自己带来很多压力，这需要找出问题的根源所在。"

"每个人都要调整好自己的心态，正确看待学习成绩，考试实际上就是要发现自己的不足之处。成绩不如意，可以对自己的知识薄弱处有清醒的认识，从而让自己更有针对性地学习。学习做到有的放矢，以此提升愉悦感与成就感，这样就在无形中纾解了学习的压力。考试取得好成绩，要学会享受学习过程，体验学习的快乐，获取成就感。"

"如果你感到压力大，可以试试老师给你提供的以下几种减压方法。"

（1）宣泄法。去找一些朋友、同学谈心说笑，或参加一些文体活动，使自己焦虑、郁闷的情绪得以宣泄。

（2）理喻法。正确评价自己，既要看到自己的优势，也要看到自己的不足。对自己的期望值不要定得太高，适当调整一下个人目标，也许就能从眼前的困境中得到解脱。

（3）意控法。不妨借助意念，自觉调节情绪，做到"遇事不慌""遇难不忧"。

（4）劳逸结合法。科学地安排学习时间和休息时间，保证饮食合理。尝试以原有的生活方式"过日子"，照顾好自己的身体，适当开展室内运动，加强自我支持，提高身体免疫力。

3. 搭建家庭沟通平台，缓解亲子矛盾

小李和她的母亲曾经有过两次冲突，班主任通过与她们分别交流，为双方搭建沟通平台。一边鼓励学生毫无顾虑地充分表达自己的思想感情，一边引导家长学会倾听孩子的心声，关注孩子的心理变化，尊重孩子的人格。

请小李的爸爸妈妈说说，孩子从小到大成长过程中的有意义的事，家长对孩子的希望又是什么？

请小李说说，自己成长过程中感受父母爱的难忘瞬间，自己对父母还有什么要求和愿望？

小李的妈妈回顾了从小到大养育孩子的种种不易，小李的爸爸也回顾了孩子小时候点点滴滴的趣事，小李从心底里讲出了感恩父母的话。当孩子和家长面对面地敞开心扉真诚沟通时，整个过程是那么温馨而感人，一切矛盾都化解了。

理论解读

对现在的学生来说，学习压力大是一个比较普遍的现象。为了帮助小李纾解心理问题，教师采用了疏导原则。先了解学生学习压力大的根源，再与小李父母进行沟通，分析孩子压力大的根本原因，然后根据家庭教育的实际情况，与学生父母进一步分析其利弊，同时给出合理建议。班主任与小李的谈话，采用了心理疏导法。老师的真诚关爱与耐心开导，增强了学生的信任感，也促使小李更好地认识自己。而班主任给出的缓解压力的方法，帮助学生化解了心理矛盾。最后，通过搭建亲子沟通平台，引导家长和孩子回顾美好的时光，再充分表达各自的思想感情，不仅缓解了原有矛盾，而且进一步融洽了亲子关系。

第三辑

家庭教育问题——体验情感入手

家庭是人生的第一所学校,父母是孩子的第一任教师。如何让家庭有效地发挥好教育正能量,班主任对此应该充分关注,并随时给家长施以援手。

12 父母喜欢姐姐，忽视了弟弟，导致弟弟很自卑

> **情境呈现**
>
> 小新是小学一年级新生，他父亲是一位成功的商人，母亲是全职主妇。他家里，父亲最有话语权，从来都是说一不二，只是性格比较暴躁，容易发火。小新有一个姐姐，各方面都比较优秀，所以父亲和母亲非常宠爱这个女儿，比较忽视小新。从懂事以来，他就变得自卑，总爱一个人独自待着。班主任经过开学两周的观察，觉得应该……
>
> （来源：第九届长三角地区中小学班主任基本功大赛小学组决赛情境模拟题第4题）

表象透视

本案例关注的是多子女家庭的教育问题，即父母如何对待不一样的每个儿女。

问题诊断

在一个多子女家庭中，每个孩子都渴望得到父母的关注、关爱，这容易形成情感竞争的局面，每个孩子也都会自觉或不自觉地在生活中和学习上与自己的兄弟姐妹进行比较。他们受情绪所左右，比较关注自己在家里是否受到公正待遇，反感父母偏心。本案例中，小新的姐姐各方面都很优秀，因而得到父母的偏爱，小新的需求则被忽视了。由此带给小新的情绪体验是：自己不被父母爱，是个不好的孩子。其实，身处多子女家庭的孩子，最怕被家长相互对比，家中地位低的孩子，更容易产生先天的自卑心理。

应对策略

1. 给予小新心理呵护

午后,班主任带小新到一个没有人的心理会议室,然后蹲下身子和小新谈心。

"小新,开学两个星期了,你适应学校的学习生活吗?"

"老师们都已注意到,你上课认真听讲,有时还会举手回答问题,每天的作业完成得也不错,而且非常有礼貌,每次见到老师都打招呼,同学之间也很团结。老师觉得,你是一个好孩子。"

"不过,老师这几天发现你总是爱一个人独自待着,为什么不和小朋友一起玩呢?"

"小新,你能不能对老师说说心里话?"

班主任循循善诱地启发学生吐露自己的烦恼,因势利导地说服他。

"每个爸爸妈妈都爱自己的孩子,只是你的姐姐非常优秀,值得父母为她骄傲,而你的优点暂时还没有被爸爸妈妈发现。如果他们也看到了你的优点,一定会同样夸奖你、爱你的。"

"以后啊,小新要多多表现自己的优点,老师永远支持你!"

2. 与家长商讨孩子教育问题

"开学才两周,我发现小新同学有点自卑,总爱一个人独自待着。作为班主任,我也很替孩子着急,到底是什么原因导致了这种情况,我想了解孩子在家的一些表现。"

"作为小新的家长,你们有没有意识到孩子心理上出现了困惑?你们认为小新的心理问题的根源在哪里?"

"听说小新的姐姐很优秀,但是父母如果经常当着小新的面表扬姐姐,那么,小新会有怎样的情绪体验?"

"现在我们来模仿一下这样的家庭情境,我演家长,你们扮孩子。如果我经常说：'你怎么这么笨，看看姐姐是那么优秀！''看看你姐姐，今天又考了100分，给父母争了光！''你姐姐长大后一定是一个有出息的人！'你们听到这些话，心里会有什么感受？"

班主任通过层层设问，引导小新父母反思自己的教育理念和教育方式，并向他们提出如下建议。

第一，不要直接拿孩子对比。在多子女家庭中，孩子们都有自己的优势和劣势，父母要做的是帮助每个孩子找到自己的优势，并发挥其特长。家长尽量不要说"看看你自己，哪一点比得上你姐姐"这类话，这种话语会让孩子受到伤害。

第二，要正面树立榜样的力量。既然小新姐姐的表现非常优秀，父母应该积极引导小新向姐姐学习。这样，小新的成长路上不仅有了引路人，而且两个孩子之间也能建立起良好的姐弟关系。

第三，营造和谐的家庭人际氛围。家长在孩子面前，不可因个人对财富贡献的差别而导致家庭地位的不同。夫妻之间应彼此尊重，营造一个和谐的家庭环境，让孩子们在家中和平共处、相亲相爱。

第四，家长对孩子要公平公正。在多个孩子的家庭中，父母要具有洞察每个孩子内心需求的意识与能力，这才是对子女真正的爱和重视。每个"好"或"坏"的教育细节看似微小，而对孩子的影响可能是巨大的。

第五，要做好对孩子的情绪管理。对各方面表现一般的孩子（如小新），父母要多抽时间与他沟通交流，让他体会到父母仍和从前一样爱他。在孩子有好的行为表现时，父母要给予充分的肯定和适当的奖励，如亲吻、拥抱，奖给他心仪已久的玩具等。家长还要经常鼓励孩子发挥主动性，促使其养成好的行为习惯。

理论解读

在多子女家庭中，每个孩子内心深处都需要家庭的爱和归属感，这是他们成长的必要条件。但在现实中，由于父母常常偏爱一个孩子，就容易造成另一个孩子心理失衡。对此，本案例运用了尊重和信任的教育原则。首先，班主任蹲下身子和小新谈心，拉近了与学生的距离，给学生以最大的鼓励，让学生从老师身上找到充分的信任。在不知不觉中，老师就成了学生知无不言、言无不尽的好朋友。其次，班主任表达了发自内心的赏识。用放大镜看学生，捕捉学生身上的闪光点，不仅能缓解其心理压力，且变压力为动力，从而使其获得宝贵的自尊和自信。再次，竖起耳朵倾听，从学生的倾诉中感受其喜怒哀乐，把握其真实想法，从而赢得与学生的真诚交流。在和家长沟通中，班主任通过"角色扮演"引导家长站在孩子的角度去体验、感受，促使家长反省自己的教育理念和教育方法的偏颇。同时，针对家长的反思提出科学性建议，引导家长当好孩子的心理呵护者，给孩子一个正确的定位、一份真诚的理解，悦纳自己的每一个孩子，帮助孩子形成良好的个性心理品质。

13 家长用摄像头监控不自觉的孩子，孩子向班主任诉说自己的苦恼

> **情境呈现**
>
> 小芳是小学五年级学生，学习自觉性差，放学回家后经常是先玩耍再做作业。父母在外做生意，无暇顾及她。为便于了解小芳的学习情况，妈妈在家里安装了一个摄像头。即使家里无人，父母也可以通过手机随时监控小芳的行动。时间长了，小芳对父母监控自己的做法很反感，认为自己在家里没有一点自由，产生了抵触情绪，还向班主任讲述了自己的苦恼。如果你是班主任，会怎么办？
>
> （来源：第九届长三角地区中小学班主任基本功大赛小学组决赛情境模拟题第5题）

表象透视

本案例中亲子矛盾的起因，是由于母亲在家装了监控摄像头。而深层的问题，还是孩子大了父母应该怎么教育的问题。

问题诊断

很多父母都会说，养大一个孩子不容易，要让他（她）不走歪路，就得好好管教；家长把控他（她）的一举一动，是为了孩子好。于是，在这一番苦心下，不少家长随意翻看孩子的日记，试图发现孩子有什么不好的举动。殊不知，随着年龄增长，孩子的自主意识在逐渐增强。他们有自己的小秘密，想摆脱家长的束缚，独立地、广泛地接触社会。本案例中的小芳父母，

不放心小芳一个人在家学习,便在家里安装了摄像头,本以为可以及时地掌握孩子的学习动态,结果却引起了小芳的反感,触发了亲子矛盾。

应对策略

1. 与小芳谈心

"小芳,说说你苦恼的原因是什么?"(预设:父母安装摄像头就是为了监视我。)

"妈妈安装了摄像头,可以监视你的一举一动,这给你带来了烦恼。是吗?"(预设:是。)

"自己的行动一直被人监视,心里肯定很不舒服,我能理解你的感受。"

"那么,你有没有把自己的烦恼向爸爸妈妈说呢?"(预设:不敢说。)

"你能不能对老师说说,你妈妈为什么要这么做?"(预设:就是要监视我。)

"我听你爸爸妈妈说过,他们工作很忙,平时关心你太少了,安装摄像头是想让自己能一直'陪伴'在孩子身边。他们用这种方式关心你,你能理解吗?"

"你希望老师能为你做些什么呢?"(预设:要父母拆除摄像头。)

"我知道,你要求爸爸妈妈拆了摄像头。那么,你觉得自己怎么做才能让爸爸妈妈放心呢?"

"放学回家后,你把玩耍和做作业的次序换一下,行不行?"

"其实,老师相信你可以自己管好自己,只要做一点改变就行!"

"现在,老师想听听你将怎样安排在家的学习。"

"老师相信,没有爸爸妈妈监督,你也能自觉完成学习任务。对一个自觉的孩子,爸爸妈妈自然不会安装摄像头了。"

2. 与家长沟通

"孩子现在学习自觉性差,作为父母,你们一定很着急吧?"

"我看得出,你们是很关心孩子的,只是因为工作忙,无暇顾及,不得己才安装了摄像头,是吗?"

"父母的良苦用心,我也能理解。"

"可是,家里安装了摄像头,给孩子带来了苦恼,这一问题你们知道吗?"

"我们成年人可以换位思考一下,如果自己的隐私被人侵犯,那么我们自然非常生气,甚至愤怒,因为对方不尊重自己。同样的道理,如果孩子觉得自己的隐私被父母侵犯,他们也会生气、愤怒。严重的话,还会影响亲子关系。"

"孩子学习不自觉,与父母不在身边,缺少经常督促有一定的关系,但装摄像头能否从根本上解决问题呢?"

"孩子的成长不能没有家长的陪伴,这种陪伴如果缺失过多,就没有办法挽回。从家长的角度思考,父母可以做哪些改变呢?"

父母怎么关注孩子的成长?在此向家长提出如下一些改进建议。

第一,大人要尊重孩子。孩子是独立的个体,有自己的情感体验,有自尊的需求。

第二,要让孩子对父母建立起信任感。家庭生活中要多关心和理解孩子,让孩子明白父母是值得信任的,能把自己心里的感受向父母诉说。

第三,平等交谈是最好的沟通方式。父母要在平和的氛围下耐心地和孩子沟通,尽量走进孩子的内心。如果要在家里装摄像头,也需提前告知孩子,解释清楚这样做的目的是提高家庭的安全系数。

第四,父母可以与孩子协商制定家庭契约,分别对孩子、家长提出明确要求,促使家庭中的每一个成员共同遵守。

理论解读

首先,运用共情原理。在与小芳沟通过程中,老师仔细观察学生的表情以及情绪,并尝试去理解和说出她的感受。接着,提出具体的请求:"你希望老师能为你做些什么呢?"倾听至关重要,教师通过体会学生此刻的观察、感受和需要,与其建立联系,然后聆听她的请求,最后以最佳的方式来传达自己的想法和感受。

其次,运用同理心跟家长沟通。苏格拉底曾说:"我们要跟别人求同存异。"意思就是,在沟通时,首先讨论相同、一致的问题,然后慢慢过渡到不一致的地方。在与小芳父母沟通的过程中,用"父母的良苦用心,我也能理解"认同家长;用"看得出,你们是很关心孩子的,只是因为工作忙,无暇顾及,不得已才安装了摄像头"赞美家长。"家里安装了摄像头,给孩子带来了苦恼,这一问题你们知道吗?""父母可以做哪些改变呢?"用反问句引出了解决问题的办法,通过认同、赞美、转移和反问的方式,掌握沟通动向,引出积极的谈话主题,掌握主动权。多用问句表达意思,以探究对方真正的需求,站在对方的立场上去思考应该怎么想、怎么做,这样的沟通是有效的。

14 孩子上网成瘾，父亲处理简单导致亲子关系紧张

情境呈现

疫情期间，学生都在家上网学习。小伟的父母发现孩子常常在空中课堂之外的网站上网，担心孩子会染上"网瘾"，于是小伟父亲想方设法阻止他玩电脑。由于双方意见不合，父子俩多次发生冲突。后来，他父亲干脆在电脑上设置了密码，甚至拔掉了网线。小伟对此非常气愤，用省下的零用钱偷偷到网吧上网。为此，小伟的父母来到学校寻求帮助，如果你是班主任，将怎么办？

（来源：第九届长三角地区中小学班主任基本功大赛小学组决赛情境模拟题第3题）

表象透视

本案例的问题，起源于家长担心孩子染上"网瘾"，但父母的处理方法太简单，导致父子发生冲突。

问题诊断

网络对青少年来说，是一柄"双刃剑"。一方面，它能给青少年带来大量信息，使之开阔眼界，增长见闻。另一方面，如果不能正确使用网络，则会带来消极后果。案例中的小伟父母，发现孩子经常在上其他网站，担心他染上"网瘾"，想方设法阻止。这种心情可以理解，可是父亲采取的是"堵"的方法，不考虑孩子的自尊心，结果只会适得其反。正所谓"作用力大，反弹力也越大"，因此小伟偷偷地去网吧上网，我行我素。家长这种教育方式

不但收不到正面效果，还造成了亲子冲突。到这个时候，家长自己也觉得对孩子一点办法都没有了。

面对疫情期间产生的亲子矛盾，班主任更要积极引导，化危为机。与学生交流，了解他的日常学习生活；与家长沟通，商讨教育策略，帮助解决亲子冲突。

应对策略

1. 平息家长情绪

从家长的角度看，不让孩子上网，是担心孩子会成瘾，这种心情完全可以理解。但是，孩子不听话，确实会让家长头痛，亲子关系也容易出现冲突。要想改善亲子关系，家长和孩子都要努力。面对小伟父母的困惑，班主任可以建议家长换位思考："如果我是孩子，我会有什么感受？"引导家长理解孩子的感受。在这个过程中，家长试着体会孩子的感受，自己的情绪问题也得到了解决。

2. 给予家庭教育正确指导

"从正面来说，让孩子使用网络，对他开阔视野、丰富知识肯定有益处。网络游戏可以让孩子学到电脑的许多操作技巧和一些专业知识，所以玩游戏对学会娴熟地操作电脑是有帮助的。"

"现实中，造成孩子'网络成瘾'的原因，并不是网络本身，而是孩子缺少正确的引导，以致无法控制自己。孩子能不能上网、能上多长时间，这些问题都需要家长给予正确的引导。"

"为了阻止孩子上网成瘾，在电脑上设置密码，甚至拔掉网线，这些方法有效吗？家长的责备和一味地限制，这种简单的强制性教育方式达不到预期的效果，只会让孩子产生逆反心理。孩子迫于父母压力，可能会采取欺瞒父母、逃课、偷钱去网吧等行为。我们要用科学的方法进行引导。"

具体建议如下：

第一，要关注孩子在上哪些网站，同时推荐一些健康、文明、有益、有趣的适合少年儿童进入的网站；还要鼓励孩子利用教育网站寻找信息资源，进行自主学习。更重要的是，要允许孩子上网，但要提出要求，如前提是完成作业。

第二，要有效陪伴孩子。真正的爱，是满足孩子心理成长的需求。家长无论工作多忙，也要抽时间陪伴孩子。有效陪伴，并不是简单地陪在身边，更不是一味说教、谈学习，而是多多抽出时间和孩子相处，给孩子充分的亲情关怀，让孩子的成长过程充满爱。只有这样，才能让孩子快乐成长。孩子与家长亲近了，自然也就远离网络，减少了对网络的过分依赖。

第三，帮助孩子摆脱对网络的过分依赖。如果孩子迷上网络，要注意教育方法，切记不能"堵"，而要耐心引导，多给孩子讲一些案例，教会他正确使用网络，让他了解"网瘾"的后果。同时，帮孩子培养良好的上网习惯，如列一张上网计划表，由此引导孩子合理地利用网络。

第四，家长为孩子做表率，切记身教重于言教。家长如果自己下班一回家就开始上网，家庭内缺乏积极向上的交流氛围，这种情况下，孩子怎么会听从教导呢？家长要引导孩子正确使用网络，自己也要学习一些网络新技术，与孩子一起享受网络便利的同时，不可沉迷于网络。家长提高自我约束力，对孩子可以起到很好的榜样作用。

3. 找小伟谈心

找小伟谈心，主要通过电话方式。

"小伟同学，你最近和爸爸有矛盾了，是吗？"

"每天空中课堂下课后，其余时间你是怎么安排的，能控制自己上网的时间吗？"

"平时，你浏览什么网站，喜欢哪些网站，这些想法有没有跟爸爸说过？"

"被爸爸拔掉网线，你是不是非常不满？"

"你的心情我理解，确实，有时候大人不太理解孩子的内心需求。"

"你爸爸为什么要这样做，你理解吗？"

"你爸爸担心你上网成瘾,他的担心有没有道理呢?"

"你觉得自己可以用一张怎样的作息时间表,得到爸爸妈妈的信任,让他们对自己放手、放心?"

"对上网这件事,每个人都要学会'按键暂停',明白什么时候可以上、能上什么网站。"

"与爸爸发生了不愉快的事,要学会理性对待。如到自己的房间里冷静独处,想一想,爸爸的做法有没有一定的道理。不愉快即便发生了,也不能做出极端不理智的行为,因为平息亲子冲突肯定会有办法的。"

"青少年学生上网的主要目的,应该是获取知识,而不是沉迷于游戏,做那些与学习无关的事。因此,老师希望你能正确对待网络,学会克制上网,培养良好的上网习惯。"

理论解读

网络是一把双刃剑。一方面,互联网具有高度的开放性、跨地域性,每个人都可以在网上找到他所需要的信息,这就大大方便了学生学习。另一方面,网上良莠不齐的信息让家长忧心忡忡,唯恐自己的孩子沉迷于网络游戏而影响学习,唯恐孩子在网上接触到不良信息,影响孩子的世界观、价值观。如何引导孩子正确使用网络,现在成了家长面临的新的难题。

本案例中,运用了疏导原则。对于学生上网,宜疏不宜堵。既然不可能让孩子与互联网隔离,那就要对学生上网进行积极引导,让他们全面且充分地了解网络。为此,班主任首先安抚家长情绪,再与家长沟通,指出"堵"的方法是不科学的,并向家长提出合理的、科学的建议。然后,在与学生小伟的交谈中,通过层层设问,启发诱导,引导他理解爸爸的做法,理性对待已经发生的不愉快,找到恰当的方式缓解矛盾。同时,也引导学生要形成正确、科学、规范上网的价值取向。

15 孩子玩游戏，家长装监控，孩子报警

> **情境呈现**
>
> 初二男生小强的父亲在外面做生意，他担心儿子沉迷于游戏，就在孩子的房间里装了摄像头，以便监视孩子的一举一动。对此，小强认为装摄像头侵犯了自己的隐私权，就报了警。警方了解到，小强沉迷于游戏，有时还要熬夜；父母因生意繁忙长期不在家，无法关注孩子的学习，于是装了一个摄像头来监控，并将这些信息向学校反馈。如果你是班主任，知道后该怎么办？
>
> （来源：第九届长三角地区中小学班主任基本功大赛初中组情境模拟题第16题）

表象透视

本案例的焦点是家长侵犯了孩子的隐私权，因此引发了亲子冲突。

问题诊断

家长对于未成年的孩子拥有监护权，安装摄像头可以看作一种监护方式。但家长行使自己的权利时还要尊重孩子的隐私权，所以应先和孩子商讨，再达成一致意见，确定要不要装摄像头。现在，不少家长并不知道孩子的隐私也需要尊重，不知道家长的行为应照顾到孩子的自尊和感受，不知道自己的行为可能已经深深地伤害了孩子。本案例中，小强的父母因生意繁忙，长期不在家，无法关注孩子的学习，又担心孩子沉迷游戏，所以就在他的房间里装了摄像头。也许他们认为这在法理上没什么问题，可实际上却侵

犯了孩子的隐私权，在情理上也说不通。结果引发了小强的激烈反抗，以"报警"的方式维护自己的权益。

为缓解亲子矛盾，班主任既要向家长指出教育方法的不妥，还要给出针对性建议，更要与学生谈心，引导他面对网络游戏能够自控自律。

| 应对策略 |

1. 与学生父亲沟通

"小强爸爸，听说你们在小强的房间里装了摄像头，这是为什么啊？"

"您说装摄像头，一是为了督促孩子好好学习，二是为了孩子的安全，对此，我非常理解。那么，装摄像头之前您有没有与孩子沟通过？"

"现在孩子很反感这种做法，您觉得是什么原因呢？"

"假如让您站在小强的角度考虑，您会有什么感受？"（提倡"换位思考，感同身受"）

"家长的出发点显然是好的，但这一'监控'方法需要反思。在家长看来，那是为了督促孩子学习，可孩子心里不这么想，他会感到父母对自己不信任，会影响到亲子关系。"

"法律规定'隐私是个人的自然权利'，属于人格权范畴，侵犯他人的隐私就是践踏他人的人格。哪怕是父母，也不可以这样对待孩子。现在，小强已经求助于警察，运用法律保护自身权益，对父母的不当做法提出抗议。因此，家长在教育孩子的方式上应该做一些改变。"

初步沟通后，给家长提出如下建议：

第一，和孩子好好沟通。如果要继续监控，就需征得孩子同意，同时允许孩子在完成学习任务之后适度地玩游戏。如果不再监控，就需要采取其他方式引导孩子，不能让孩子无节制地玩游戏。

第二，帮助孩子树立正确的网络观念。掌握网络技术是青少年学生必备的学习技能，要杜绝孩子与网络接触是不可能，也是不现实的。相反，家长应该引导孩子把网络当成学习工具，当成百科全书，遇到不懂的问题通过互联网查询。同时，可以与孩子一起制定家庭上网亲子契约，让孩子养成自觉遵守规则的上网习惯。

第三，基于孩子有"沉迷于游戏，有时还要熬夜"的行为，建议家长对此高度重视。可否调整工作时间，多多陪伴孩子，以有利于进一步融洽亲子关系。

2. 为亲子沟通搭建平台

"小强，你爸爸为什么要在家里装摄像头？"

"父母这样监督你，所以你不开心、很气愤，是吗？"

"你现在的心情，我也能理解。因为你在家里经常玩游戏，而且自控能力差，有时要玩到深夜，所以为了帮助你养成自控习惯，提高学习自觉性，你爸爸才不得不这么做。当然，这里还有一个安全问题，你能理解爸爸的想法吗？"

"你认为爸爸装摄像头监控自己，侵犯了你的隐私权。要是没有摄像头，你能自觉完成学习任务吗？"

"想要父母信任自己，你就要用行动来证明自己，以自觉行动换取自由权利。"

对小强进行疏导后，接下来引导小强与父亲沟通。关于摄像头装还是不装的问题，让孩子与父亲分别说出自己的观点。

假如不再使用摄像头，孩子应该做出哪些改变？最终由谁来监督孩子日常的学习生活？

假如继续使用摄像头，孩子要做出哪些改变，家长就允许他完成学习任务后，有一定的娱乐时间？

3. 举办家长沙龙

为了促使更多家长关注如何引导孩子正确使用网络（手机）的问题，班主任可举办一次"孩子沉迷网络（手机）游戏，怎么办"的家长沙龙，主要环节设计如下。

◆ 第一个环节：呈现困惑，引出主题。

以"小明"的典型行为，引出学生中的一个常态现象：孩子手机不离手，妈妈说了几句，母子即发生口角冲突。

◆ 第二个环节：案例分析，推动思辨。

列举现实生活中的一些案例，因为手机使用问题，引发亲子关系紧张，甚至有孩子采取自残、自杀行为来威胁家长。通过生活微扫描，呈现学生日常使用手机的现象：地铁上、公交车上，随处可见一些中小学生低头专注地玩手机。然后，归纳学生玩手机的几大害处。

◆ 第三个环节：解读理论，丰富新知。

邀请心理学专家分析孩子沉迷网络游戏的原因，提醒家长要积极防范，引导孩子合理使用手机。

◆ 第四个环节：互相支招，掌握技能。

家长交流引导孩子的成功做法，分享彼此的经验。最后，班主任向家长建议：一是以身作则，榜样示范；二是家校合作，制定契约；三是亲子互动，丰富生活；四是优选内容，巧妙替代。

理论解读

家长平时忙于工作，不能在家照看孩子，督促孩子做作业。这类问题以前没有办法解决，父母只能一遍遍地叮嘱孩子要自觉。现在随着科技的发展，"监控摄像头"已进入寻常百姓家，家长用摄像头来"监督"孩子学习。可是这种方法却意外地伤害了孩子，引发了亲子冲突。

在移动互联网普及的时代，未成年人接触网络、使用手机已不可避免。只是孩子还缺乏判断和自控能力，无法分辨某些内容的真假好坏，需要家长把关，趋利避害，让网络、手机为孩子学习服务。

本案例采用疏导原则、共情原理，基于理性的启发，先与家长沟通，基于情感的引导，搭建亲子交流平台，协调亲子关系，缓解亲子矛盾。然后，为了让有类似问题的家庭也能获得指导，班主任举办家长沙龙，引导家长了解孩子玩网络（手机）游戏的现状，进一步认识使用网络（手机）的利与弊。通过案例剖析，唤醒家长的责任意识，引导家长转变观念，掌握科学方法，从自身做起，教育孩子正确使用手机。

16　家庭太民主导致孩子脾气越来越大

> **情境呈现**
>
> 在教育孩子的问题上，小王的父母很民主，总是像对待朋友一样和小王平等相处，凡事都倾听与征求小王的意见，并尽可能地多表扬、鼓励小王，还会给小王一些物质奖励，比如他心爱的鞋子、玩具，以及带他出去旅游。孩子小的时候，这一招还真灵，小王受到表扬后，学习、做事很积极，也很听话。可是到了初中，这一招就越来越不灵了，表扬了他，他竟然没什么反应。后来，还发展到父母只要提出要求，他总会讲条件，如果不满足他，就在家里发脾气。父母拿他没办法，只能向班主任求助。如果你是班主任，该怎么办？
>
> （来源：第九届长三角地区中小学班主任基本功大赛初中组情境模拟题第19题）

表象透视

本案例的问题，是家庭教育未能适应成长中孩子的需要，父母由此体会到老法子不灵了。

问题诊断

现实生活中有两类处于极端的家长：一类是"专制型"，认为孩子的一切都得听从父母；另一类信奉"民主"，凡事都倾听并征求孩子的意见，还尽可能表扬、鼓励孩子。那么，父母教育孩子究竟应该采取什么方式，是"民主"好还是"专制"好？本案例中，小王的父母采取民主方式教养孩子，开始时效果很好,但随着孩子长大,就越来越不灵了。发展到后来,如果自己的要求得不到满足,孩子就会发脾气。其实,这样的"民主"早已成了溺爱。对孩子有求必应,无节制地满足他的需求,很容易让他养成自我中心、自私贪婪的恶习。家长凡事都把孩子放在第一位,无原则性,久而久之,孩子自然会以为谁都应该对自己让步。一旦家长哪一天不再让着他了,就会激起孩子的反抗。这样的"民主",根本不是真正意义上的民主。

应对策略

1. 班主任要及时与家长沟通

"小王的爸爸妈妈,你们的孩子从小时候到现在,究竟发生了什么变化?"

"唉,孩子在长大,他的要求也越来越多了。"

"那你们觉得自己对孩子的教育,成功在哪里,不成功又在哪里?"

"家长经常用物质奖励的方法教育孩子,不利于孩子成长,孩子会变得很功利,对学习和家长要求做的事,都会只盯着奖励,家长也会失去家庭教育的主动权。随着年龄增长,孩子的见识越来越广,胃口也越来越大。如果家长不能满足孩子的要求,孩子就'逆反',这对孩子的发展非常不利。"

"孩子生活阅历少、可塑性强,在很多事情上缺乏是非判断。家长如果一味地追求家庭民主,孩子得不到必要的引导,容易走向歧途。所以,家长在教育孩子时,应讲民主而不失威严,适当的权威是必要的。"

具体建议如下:

第一,在教育孩子的问题上,父母双方意见要统一。许多时候,父母会有分歧,根源是对爱、对教育有不同的理解。父母的这种分歧,经常会让孩子摸不着头脑。慢慢地,就变得谁的话都不听了,而且很快学会如何利用父母的不协调来达到自己的小目的。因此,对孩子的教育,父母双方一定要观点一致,达成共识。

第二,少一点物质奖励,多一点精神鼓励。孩子在成长过程中,除了物质需求外,还有被人尊重、被人爱、被社会认可、被父母理解等多方面的精神需求。因此，家长在选择激励方式时，不妨多给孩子一些精神鼓励，而不是物质奖励。

第三，家长对孩子要适时、适当地说"不"，让孩子懂得一定的规则。这既能使孩子有明确的是非、对错观念，还可以培养孩子自我约束、自我控制能力。家长应限定哪些是孩子必须遵守的规则，哪些是他不能超越的底线。如果他想超越底线，家长要直截了当地对他说"不"！

2. 班主任要严肃地与小王谈心

"小王，你能不能说说自己和父母闹得不开心的原因？"

"以前，父母总会满足你提出的各种要求，现在他们没有满足你的要求，于是你就不开心了，是吗？"

"你觉得父母应该怎么做，你才会开心或者满意？我非常想知道你的想法。"

"从小到大，父母凡事都倾听并征求你的意见，还会经常给你物质奖励，在这样的家庭中，你应该感到非常幸福啊。"

"对父母，你有没有体谅过他们的辛劳呢，有没有想过自己应该怎么回报父母呢？"

"如果一个人把父母的给予当作理所当然的事，一味索取而不知回报，那他就是一个不懂得感恩的人，我们每个人都要学会感恩。"

"合理的需要可以提出来，过分追求物质享受是不应该的。"

3. 召开一次主题班会

小王的问题带有一定的普遍性，为了引导更多的学生体悟亲情的无私和伟大，感受父母在自己的生命成长过程中所付出的心血，懂得要感激和报答父母的养育之恩，班主任可以组织一次以"体悟亲情，感恩父母"为主题的班会课，其主要环节设计如下。

◆ 第一个环节：重温经典。

组织学生聆听故事《地震中的妈妈》，再让大家交流各自的感受。

◆ 第二个环节：回首一段往事。

用多媒体展示一名学生小时候的照片，引导大家回忆父母扶自己走路、送自己上学、陪自己看病等情境。再由此讲讲父母的故事，从而表达对父母的理解和感激。

◆ 第三个环节：聆听父母心声。

播放几位学生家长讲给他们的心里话，让学生回味平日烦人的唠叨背后的关爱，促使学生拉近自己和父母的心理距离，将学生心中蕴藏的亲子情感推向高潮。

◆ 第四个环节：明晰现实问题。

朗读《中国青年报》刊登的《一位辛酸父亲的来信》，交流听后感受。用漫画形式呈现学生家庭生活中存在的问题，引导学生们讨论、反思。

◆ 第五个环节：付出你的行动。

组织学生观看温馨的视频《陪伴我们走过一生的亲情》，然后引导学生说说自己感恩父母的具体行动。

理论解读

一位台湾作家说得好：对孩子实行的不应该是民主而是开明专制，也就是以慈爱为基础，以孩子顺利成长脱离自己为目标，以理性开明为教育孩子的态度，以专制的立场为孩子做决定，要求孩子负责任、守纪律。

本案例采用疏导原则，帮助家长回顾、反思家庭教育的成功之处与失败之处，因势利导，分析失败的原因，并对症下药提出改进建议。在引导学生方面，采用了个别教育与集体教育相结合的方式。马卡连柯指出：教师要影响个别学生，首先要去影响这个学生所在的集体，然后通过集体和教师一道去影响这个学生，便会产生良好的教育效果。这就是"平行教育原则"，让个别教育与集体教育相辅相成，促进形成好的班风。

17 孩子对父母的过分管教采取极端行为

> **情境呈现**
>
> 疫情期间,高二学生小陈在家上网课。父母复工后,家中没人督促,担心他上网课效率不高,于是,趁小陈洗澡时就在他的房间里安装了一个摄像头,以便了解他是否认真上网课。小陈发现后特别生气,还故意对着摄像头晃手机,向家长示威。父母回家后,与小陈发生激烈争吵,爸爸盛怒之下打了孩子,于是小陈把自己关在房间里闹绝食。无奈之下,家长只能向老师求救。对此,班主任该怎么办?
>
> (来源:第九届长三角地区中小学班主任基本功大赛高中组情境模拟题第2题)

表象透视

本案例中亲子冲突的起因,还是源于家长在孩子的房间里装了摄像头,由于父亲处置不妥又激化了亲子矛盾。

问题诊断

处在青春期的学生,生理和心理渐趋成熟。此时,父母更应将孩子置于与自己平等的地位。如果家中要安装摄像头,就需事先说明情况,并与孩子取得一致意见,让孩子感受到父母对自己的爱与尊重。在孩子不知情的情况下安装监控设备,被孩子发现后,亲子关系会产生更大的裂痕。本案例中,小陈爸爸的做法虽还谈不上严重违法,但是侵犯了孩子的隐私权。况且,高二学生个性独立,而且逆反心理强。他们在家里需要有独立自主的生活学习空间，所以对家长擅自决定装摄像头的做法非常反感，并极力反抗，由此引发家暴事件和孩子的剧烈对抗。

应对策略

1. 安抚家长情绪，并给予指导

"小陈爸爸，从家长的角度看，您的做法是可以理解的，这也是对孩子的一种关爱。"

"问题在于这个摄像头是趁孩子洗澡时偷偷安装的，那是为什么呢？"

"也许您是这么考虑的，如果对孩子说要安装摄像头，那么他一定不会同意，是不是？那原因又是什么呢？"

"让我们站在孩子的角度考虑问题，如果房间里装了摄像头，孩子是什么感受？"

"如果我是孩子的话，就会觉得家长不信任自己，时刻看着我、监督我，还用这个办法惩罚我。"

"再试想一下，我们是否愿意让领导在自己的工作场所安装监控设备？"

"冲动是潜藏在心中的魔鬼，随便发脾气不能解决问题。在亲子冲突中，父母永远是强势的一方，他们的声音和力量比孩子大，他们懂得的道理也该比孩子多。现在这样的处理方式，永远没有真正的赢家。"

"可怜天下父母心。其实，有装摄像头这种做法或者想法的父母并非少数。他们的出发点应该是好的，如了解孩子在家有没有认真学习，或者担心孩子独自在家是否安全。但孩子对家长这一行为却十分反感，认为它给自己带来很多压力和负担。因此，这是一种不当的教育措施。作为高二学生，他需要被尊重。《中华人民共和国未成年人保护法》第5条规定，保护未成年人的工作应遵循下列原则：①尊重未成年人的人格尊严；②适应未成年人身心发展的规律和特点；③教育与保护相结合。家长对未成年子女实施监控，得以不侵犯孩子的个人隐私权为限。家长做事要注意，不能用会导致产生新问题的方式去解决问题，一切要从反思和改变自己的行为开始。"

具体建议如下：

一是尊重孩子。作为一个独立的生命体，孩子有权利去选择自己喜欢做的事。对此，家长应该尊重孩子，不可强求孩子怎么做。否则，不仅伤害了孩子的自尊，也会失去孩子对父母的信任。

二是信任孩子。家长要多多关心、理解孩子，对孩子的承诺应该尽可能兑现，对孩子的错误要懂得包容、理解。这样，才能和孩子相互建立信任，孩子也会自然而然地告诉家长自己的想法。

三是敢于向孩子认错。假如家长发现自己在处理某一件事上有错误，不妨及时承认，并在适当的时候向孩子表达歉意。还可以告诉孩子，父母与他们一样，也正努力成为更好的家庭成员。这不但能对孩子起到榜样作用，而且也给孩子传递了这样一个信息：做错事要勇于承认，并承担责任。

四是平时加强交流。家长和孩子进行交流时，应该尽量平和地沟通，要多一点耐心，真诚地与孩子交谈。

五是给孩子提供一定的自由空间。在家庭生活中，要给孩子一定的个人独立空间，允许他们有自己的小秘密，尊重他们的隐私。

2. 与小陈谈心，并进行疏导

针对小陈把自己关在房间里绝食的行为，班主任首先通过电话安抚他的情绪，然后再进行疏导。

"小陈，老师很担心你，现在你有什么想法？"

"时时刻刻被监督，个人隐私没有了，分分秒秒感到不自在，你此时此刻的窒息心情我能理解。"

"你爸爸在你的房间里装摄像头，让你很抵触，那他为什么要这么做呢？"

"家长要了解孩子在家的学习状态——是在做作业，还是在玩手机，这大概是你爸爸的想法吧？"

"绝食根本解决不了问题，老师要求你爱惜自己的身体。"

"你需要老师提供什么帮助？"

"你也想一想，自己怎么做，或者有哪些改变，可以让家长和老师都放心？"

通过层层设问，引导学生不断提高自觉性，增强责任感，学会自主管理。

理论解读

随着年龄增长，学生的独立意识和自主意识日益增强。在家里，孩子迫切希望摆脱父母的监管，亲子冲突无疑会愈演愈烈。面对叛逆的孩子，以及由此引起的矛盾与冲突，父母要正确对待与妥善处理。本案例中，班主任首先运用了同理心原则。与家长沟通时，站在家长的立场，理解家长的做法，但也一针见血地指出了问题所在，并提出一些建议。其次，运用了共情原理。在疏导学生时，先让他的情绪得到宣泄，同时晓之以理、动之以情，培养他的责任感。

18 高考前单亲妈妈对孩子要求高，孩子不想学得这么累

情境呈现

高考前夕，王进妈妈向班主任赵老师求援。作为单亲妈妈，她希望成绩拔尖的儿子能考上一所名牌大学。而王进却认为考名牌大学太累，只想考一般大学。对此，王妈妈觉得儿子在自暴自弃，怎么对得起自己含辛茹苦对他的培养。可王进认为，妈妈这是在用爱绑架自己，而他宁可不要这样的爱。作为班主任，该如何去做王进和他妈妈的思想工作呢？

（来源：第九届长三角地区中小学班主任基本功大赛高中组情境模拟题第6题）

表象透视

本案例看起来是母子在高考志愿选择上发生了冲突，而问题的实质则是双方怎么看待这份亲子之间的情感。

问题诊断

单亲家庭因为缺少了一半的依靠，不少母亲或父亲都把孩子作为自己唯一的精神寄托。一旦孩子的表现不尽如人意，气恼与怨恨会一起涌上心头。王进的妈妈在儿子高考目标的定位上与孩子不一致，那是因为孩子长大了，在心理上走向独立，他有自己的主见，不愿意一切听从家长的安排，而其叛逆表现也往往十分突出。作为母亲，含辛茹苦地培养孩子，就是希望他能考上名牌大学。于是出现了分歧，引发了矛盾。

应对策略

1. 与学生母亲沟通,给她一些建议

第一,对孩子不要抱过高期望。孩子在厚望之下,往往压力过大,心理负担沉重。而在单亲家庭中长大的孩子,长期潜在的心理损伤不容忽视。一旦压力太大,就可能走向反面,索性不思进取,乃至"破罐子破摔",这是家长不希望看到的。

第二,不能以爱之名绑架孩子。家长以爱的名义代替孩子做决定,实质上是一种心理焦虑的反映。现实中,有些家长总认为自己的观点是对的,但孩子却不这样看。事实上,家长说的也并不总是对的。临近高考时,每个考生或多或少都会感受到压力,乃至出现考前焦虑症。此时,家长也可能会出现同样的焦虑,甚至比孩子更焦虑。在这个关键时期,家长应放平心态,不能抱怨孩子不听话,而应尊重孩子,正面引导孩子。只有真正进入孩子的内心世界,才能了解他的所思所想,才能与孩子融洽交流。

第三,从反面案例中获取启示。电视剧《小欢喜》中的离异妈妈宋倩,她生活的中心就是女儿乔英子。剧中的英子是她的全部,为了孩子,她甚至可以忽略自己的喜怒哀乐。"只要孩子快乐,我就快乐""孩子过得好,比什么都重要"。不得不说,这世上最伟大的爱,莫过于母爱。然而,妈妈的爱却让英子喘不过气来,致使她太压抑了,得了中度抑郁症,离家出走,甚至差点跳海自杀。因此,如果家长一味地抱怨"白养你了,你真没良心"之类的话,对孩子要求愈加严苛,以致到了不近人情的地步,那么孩子非但不会感恩,而且亲子关系也会越来越差。一旦某一天超出了孩子的承受极限,他便有可能走向崩溃,结果会更糟。

2. 与学生谈心,以提问式开导

"小王,你能不能说说,从小到大,妈妈做过的哪一件事让你很感动?"

"现在,你是不是感到妈妈给你的压力太大了?"

"妈妈的良苦用心你能理解吗?"

"对'可怜天下父母心'这句话,你是如何理解的?"

（预设：对于孩子，妈妈可以不计回报和得失地付出，甚至是无条件地奉献自己力所能及的一切。）

"现在，你是不是想尽快逃离妈妈的控制？你此刻的心情，老师能够理解。"

"爱自己的妈妈吧，你将来也会有孩子。妈妈是你一辈子最珍贵的财富，是你心灵世界最可寄居的慰藉。"

"你内心真正的想法是什么？如果你觉得自己的选择是正确的，那么就应该遵从自己的内心。"

3. 为亲子沟通搭建平台

以正确的方式和自己的至亲至爱进行沟通，真的很重要。亲子矛盾的缓解，需要一位"老娘舅"出场。班主任可以担当"老娘舅"的角色，在上门家访中促使母子多沟通。最好的方法是让妈妈和孩子一起坐下来，心平气和地交换意见，表达彼此的爱。同时，教师委婉地向双方提出缓解矛盾的建议和希望。

理论解读

本案例首先运用了疏导原则，注意通过正面引导、循循善诱、以理服人，以提高母子双方的思想认识。为缓解亲子矛盾，教师向家长提出了对孩子不要抱过高期望、不能以爱之名绑架孩子、从反面案例中获取启示等建议，促其反思，认识自己思想行为的错误所在，以及可能带来的危害。

其次，遵循以人为本的原则。班主任教育学生的过程，实际上是师生之间双向的情感交流过程。教师只有秉承"以人为本"的教育理念，尊重学生的人格和自尊心，才能使学生在学习实践中有安全感、尊严感，学生的潜能、智力才能得到充分的发展。这位班主任对学生的教育，没有过多地说大道理，而是通过层层设问，引导学生体验、感悟母爱的无私，从而激起情感共鸣，引发他的感恩之心。同时，在充分尊重孩子的基础上，以说服诱导为主，为亲子沟通架起桥梁，做好"老娘舅"这个角色。

第四辑

家校关系问题——明确共育观念

每个家长送孩子进学校,是为了让他们接受教育。学生从学校回到家里,也需要接受家庭教育。学校教育与家庭教育就像一枚硬币的两面,缺一不可。共育,是双方面对未成年人教育的责任,也是今天定位家校关系的准则。

19 孩子作业太多，家长在微信群里抱怨

> **情境呈现**
>
> 深夜12时，一位小学生的家长在群里给班主任发来这样一条微信："老师都睡了，我闺女却还没能睡，作业那么多。"群内一些学生家长看到后，也控制不住自己的情绪，七嘴八舌地抱怨起来：学生经常熬夜做作业，作业完不成还要被罚。如果你是班主任，该怎么办？
>
> （来源：第九届长三角地区中小学班主任基本功大赛小学组决赛情境模拟题第12题）

表象透视

本案例中，学生作业多，成了家校发生冲突的焦点，而家长在微信群里的各种抱怨，又放大了家校矛盾。

问题诊断

苏霍姆林斯基说：教育的效果取决于学校和家庭教育的一致性，如果不一致，那么学校的教学和教育就会像纸做的房子一样倒塌下来。家长在微信群里发的信息，让现实中的家校矛盾通过信息化手段暴露出来。学生作业多，需要家长监督完成。监督作业这个责任被转嫁给家长，是引发家校矛盾的导火索。这一情况表明，在学生作业的数量、形式、内容和监督等方面，教师和家长产生了严重的分歧和对立，家校之间的关系亟须调节。

应对策略

1. 班主任应马上回复，安抚家长情绪

看到微信群里家长发难，班主任应马上回复：请家长们不要再讨论这个问题了，我了解情况之后，会给大家一个答复。

同时，给那位学生家长打电话。

"某某同学家长，我非常理解您此刻的心情。孩子熬夜做作业，父母看着也心疼。作业没完成，家长也不放心。让孩子去完成，又怕做得太晚，不仅影响身体健康，还会影响第二天的学习。现在已经太晚了，作业就先放一放吧。老师那里，我去解释。"

"方便的话，请说说您的孩子每天在家做作业的情况。"

"谢谢您，让我了解到学生作业负担的实际情况。请您放心，我们一定会根据实际情况做改进的。"

和家长沟通之后，班主任针对全班学生的作业问题做了问卷调查，并进行了数据分析。

2. 与任课教师协商，减轻学生课业负担

学生的课业负担，与教师每天布置的作业有直接关系。为此，班主任主动与任课教师联系，一起商讨如何提高课后作业的适切性和有效性。

"老师们，各位在我班的教学中倾注了大量心血，每一堂课都精心准备，每一个学生的作业都认真批改，及时反馈，还放弃休息时间辅导学生。这些表明大家都在尽心尽力地想把学生教好。今天，请大家来的目的是共同探讨如何平衡学生的各科作业。"

说完，出示一份关于学生作业的调查表。

"从目前学生的作业负担看，很多家长反映，孩子每天写作业都要写到凌晨，第二天疲惫不堪地去上学。长时间睡眠不足，肯定会严重影响孩子的身心健康。针对家长反映的作业量偏多问题，请大家谈谈自己的看法。"

"对于大部分学生来说，作业多了要么索性完不成、要么去抄，这样布置

作业的效果肯定适得其反。适当的作业量，对学生是鞭策，他们会认真对待。"

"如果学生是我的孩子，我最希望学校老师怎么布置作业呢？"

"希望老师们引导学生上课认真听讲，做好笔记，合理安排时间，提高学习效率，每天布置的作业量要适中。这些是我的个人意见，说得如有不当之处，希望大家谅解。"

3. 制定"家长群规范"，确保沟通顺畅

建立微信家长群的目的，是为了便于家校联系，发布班级教育的有关信息。班主任在建群时，应明确家长群的性质，并与家长协商制定群的工作规范。为避免类似事件的再次发生，班主任可以召开班级的家长委员会会议，通过集思广益，进一步界定家长群的运作规则，完善纠纷处理方式。比如，教师发出的信息比较重要，就在文末加注"请回复"，家长收到后及时回复；而其他老师发的一般信息，没有必要都跟帖。又如，家长对学校教育有不同意见，可以先与班主任个别联系，或者由家委会成员向学校反映。

| 理论解读 |

首先，运用共情原理。对家长在微信群发布的这些话，无论是当即看到，还是第二天才发现，班主任要在第一时间回应，以免群里出现负面舆论。同时，马上与这位家长电话联系，安抚其情绪，目的是为问题的妥善解决争取更多时间。

其次，运用协同育人原则。面对家长在微信群里抱怨孩子学业负担过重的问题，班主任不必惊慌，因为这个问题并非是由于个人原因造成的，也没必要将所有责任都往自己身上揽。而是在全面了解实际情况的前提下，一方面，和任课教师协商如何减轻学生过重的学业负担，通过换位思考、集思广益，与任课教师达成共识：布置适度作业，呵护学生身心健康，促进学生全面发展。另一方面，发挥班级家长委员会的作用，组织家委会成员商议这一问题的对策。班主任积极听取家长代表的意见，然后向学校转达，并将学校意见反馈给家长。在这个过程中，强调班级微信群的运行规则，让家校沟通更通畅。

20 面对校园欺凌行为,"受害者"家长鼓动全班罢课

> **情境呈现**
>
> 小学三年级(1)班学生小张,家庭情况比较特殊,父母离异,他与爷爷奶奶一起生活。该生行为习惯不好,有多动症,而且平时经常欺负同学,引起许多学生和家长的不满。一天,小张又打了班上同学小刘。小刘的家长在班级微信群里发布消息,认为这是校园欺凌行为,并呼吁全班学生第二天以罢课方式,要求学校予以解决。这一呼吁引起许多家长的共鸣,如果你是班主任,得知后该怎么办?
>
> (来源:第九届长三角地区中小学班主任基本功大赛小学组情境模拟题第8题)

表象透视

本案例的问题看似是针对个别学生的行为,实质上是家校矛盾的反映,也与班级微信群的管理有关。

问题诊断

孩子在学校被欺负,家长的反应一般都不平静。也许少数人会认为事情过去就算了,让打人的孩子下次注意点。而大部分家长都会觉得自己的孩子不能就这么被欺负,一定要讨个说法。他们可能会打电话给老师,询问具体情况;或直接跑到学校里,找欺负人的学生及其家长。本案例中,小张欺负同学的行为已经引起许多学生及其家长的不满,这次又打了小刘。小刘的家长在第一时间里通过微信群发布消息,并以第二天全班罢课的方式来要求学

校解决问题，从而引起许多家长的共鸣。小刘家长在微信群里这样鼓动，造成一定的负面影响，由此引发了家校矛盾。

应对策略

对此，班主任首先应在微信群里发信息告诉众家长，请大家理性对待，这件事调查清楚后一定会妥善解决，请家长们不要再议论。

1. 安抚小刘家长的情绪

班主任获悉后马上与小刘的家长通电话。

"小刘的爸爸，我非常理解你现在的心情。孩子是父母的心头肉，自己都舍不得碰一下，怎么能让别人打？孩子在学校被人欺负，家长心里肯定不好受。班级里发生了这样的事，作为班主任，我是有责任的，先向您道歉。"

"对这件事，我建议家长要理智。用全班学生'罢课'的方式要求学校解决问题，您觉得这样做理智吗？"

"不理智的行为，是不可取的。一方面，这种行为会在全校造成不良影响；另一方面，家长这样做也有损自身在孩子同学中的形象，而且让孩子觉得在同学中会有压力，不利于孩子与同学处理好关系。"

"请您相信老师，我们一定会想办法通过这件事教育学生怎么处理同学关系。同时，也希望家长要培养孩子解决问题的能力。首先，告诉孩子不可欺负人。其次，有人如欺负孩子，要大声说'不可以打人，打人是违法的'，并马上告诉老师，或者向其他同学求援。"

2. 找小张的父母交谈

基于小张的行为，班主任有必要与其父母进行严肃的谈话。

"小张经常在班级里欺负同学，很多学生家长意见很大。作为父母，你们如何看待孩子打人这件事？"

"在家里，家长是孩子教育的责任人，一个孩子的行为表现与家庭教育是有关系的。如果家长对孩子听之任之，放任自流，那么久而久之，孩子的问题会越来越多。可以设想，一个不明是非、不守规矩，行为习惯又不好的孩子，长大以后会怎么样？我相信，每个家长都不希望自己的孩子变坏！"

"人们常说：不要让父母婚姻的不幸，变成孩子的不幸。在此，向你们提几点建议：第一，及时带孩子去有关医院，治疗他的多动症；第二，要多关心小张，在孩子成长过程中父母双方都不要缺席。"

转化特殊家庭的孩子，班主任需要方法，更需要耐心，需要有打持久战的心理准备。只要持之以恒，一定会让顽石也"点头"。

3. 召开主题班会

针对打人事件，班主任要抓住契机召开班会，加强班集体建设。班会可以围绕"接纳不完美"这个话题，组织学生通过思辨，认识到自己的"不完美"，也接纳他人的"不完美"，以营造同学之间互帮互助的氛围。班会的主要环节设计如下。

◆ 第一个环节：创设情境，引出主题。

先播放励志歌曲，以提问"听了这首歌，大家的内心是否有一种让生命怒放的渴望和力量被唤起的感受"导入话题，再通过师生问答，激起学生内在的积极情感，调动学生学习的兴趣，引出主题。

◆ 第二个环节：发现优势，激发体验。

开展"优点轰炸"活动，让学生互夸优点，如乐观、宽容、关心、友爱、守信、认真、幽默等。在互动中彼此拉近心理距离，增进感情；引导学生明白每个人都有优点，我们需要的是有一颗发现的心。

◆ 第三个环节：换位思考，产生共鸣。

呈现漫画"小明的烦恼：因为自己的不完美被同学瞧不起，从而产生苦恼"，引导学生分析问题的根源，讨论如何去帮助小明解除烦恼。启发学生学会换位思考，接纳"不完美"的他人。

◆ 第四个环节：团结互助，接纳彼此。

每个人都有自己的优点，当然也会有一些缺点，这就是所谓的"不完美"。让每个人伸出温暖的手，真诚地对身边同学说："我们是好朋友！"接着，引导学生组建"手拉手"互助小组，形成互帮互助的良好班风。

4. 完善《班级微信群公约》

在班主任的实际工作中，班级微信群发挥了一定的作用，但它不应该取代传统的家校沟通方式。本案例中，小刘的家长在微信群里发布的信息，引起了很多家长的共鸣，也因此形成了负面舆论导向。所以，班主任应该对班级微信群设立操作上的具体规则，以"公约"的形式明晰微信群的功能，以避免此类事情再度发生。要让家长懂得，有些问题通过私下与老师个别沟通，可以妥善地得以解决。

理论解读

在学校，学生之间打架不是什么稀罕事，但如果有学生长时间地被同学欺凌，那么被欺负者在心理上就会出现一些变化。2017 年，教育部等 11 部门联合印发的《加强中小学生欺凌综合治理方案》，明确界定了校园欺凌行为：中小学生欺凌是指发生在校园内外、学生之间，一方单次或多次蓄意或恶意通过肢体、语言及网络等手段实施欺负、侮辱，造成另一方身体伤害、财产损失或精神损害等的事件。校园欺凌是发生在彼此讨厌的同学之间的，明显弱势的一方无缘无故受到强势一方的殴打、谩骂、侮辱以及联合同学孤立。

从本案例来看，小张的行为还不属于真正的"校园欺凌"。所以，班主任在处理这起事件时，首先，回避了"校园欺凌"这个话题，而是从"孩子在校受欺负了，家长怎么办"这个角度去引导，运用"同理心"开导小刘同学的家长，并提供了建议。其次，学生小张的行为与他家庭的特殊情况有一定的关系。对年幼的孩子来说，由于心智尚未成熟，父母的离异会给孩子的心理造成严重的创伤。因此，在与小张的家长沟通时，班主任摆事实讲道理，并提出适切的建议。再次，还采用了集体教育的原则。通过主题班会，引导学生辩证地看待每个人身上的优点和缺点，由此营造团结友爱、互帮互助的班级氛围。更重要的是，要求学生学会接纳"不完美"的自己和他人，对后进的同学伸出温暖之手，实现共同成长。当然，对于小张打人行为的矫治不可能一蹴而就，需要一个长期的循序渐进的过程。

21 两名学生矛盾激化，一方家长插手并提出按自己的要求处理另一方

情境呈现

三年级（1）班的大个子学生王同学经常欺负小个子学生李同学，而小李总想寻找机会报复大王，无奈打、骂都不如对方。一次，他看见大王拿出一支派克钢笔，对同学炫耀说是美国的姨妈送的礼物。于是小李趁大王不注意时拿走了他的钢笔，并把它砸烂后埋在沙池里。大王和他的父母知道后，强烈要求班主任以"偷窃"名义在全班公开批评小李，致使两名学生一直处于对立状态。如果你是班主任，准备怎么处理这个矛盾？

（来源：第九届长三角地区中小学班主任基本功大赛小学组决赛情境模拟题第9题）

表象透视

本案例的问题是由学生的"偷窃"行为而引发的，实质还是同伴之间的交往产生的矛盾与冲突，给家校关系的处理带来了新问题。

问题诊断

一个班级里，一些身体瘦弱、有缺陷，或自信心不足、缺乏伙伴的学生，容易成为被欺负的对象。这些学生被欺负后，不知道如何用正确的方式去对待，大多数人或是选择忍耐，或是让年长的同伴以暴制暴。在此过程中，他们还会产生强烈的焦虑、恐惧情绪。本案例中，大王经常欺负小李，

小李则因怨恨采取了报复行为。而大王和他的父母要求班主任以"偷窃"之名进行处理，这属于断章取义。实际上，大王的父母应该了解事情的来龙去脉，了解小李报复行为的真正动机是什么。相信得知真相的父母一定会理智地对待自己孩子与同学的矛盾，并协同班主任一起处理好这个问题。为此，班主任要抓住这个关键性节点，对受欺负学生给予预防性心理辅导，指导他如何面对欺负。

应对策略

1. 分别与两个学生谈心，倾听他们的心声

解铃还须系铃人，班主任先找来小李，和他谈心。

"小李同学，你为什么要拿走大王同学的钢笔，还把它砸烂后埋在沙池里？"

"你说大王平时一直欺负你，那你为什么不告诉老师？"

"他为什么欺负你，又是在什么情况下欺负你的？"

"你被欺负后，心情很沮丧、很糟糕，老师对此是理解的。当时，你也很想找机会报复他，是吗？"

"如果遇到有同学欺负你，你不要害怕。既可以向老师报告，也可以向家长求助，还可以大声严肃地告诉对方，同学之间要相互尊重。"

"以后，万一有同学欺负你，你就直接告诉老师，老师会保护你的。不要再把怨恨闷在心里，好吗？"

"用现在的这种方法去解决被人欺侮的问题，你自己觉得正确吗？"

"虽然别人有错在先，但你现在这种做法也是错误的，这不和别人的行为一样了吗？"

"做错了事情，应该怎么办？"

接着，班主任又和大王谈心。

"大王同学，如果自己心爱的东西被别人拿走了，心里肯定很气愤，对方至少要道歉。你是这样想的吗？"

"你再想一想,小李为什么要拿走你的钢笔?"

"小李说,你经常欺负他;班里其他同学也反映,你经常欺负小李同学。有这事吗?"

"如果你被比你个子更大的同学(如高年级同学)经常欺负,你会有什么感受?"

"现在,你能理解小李为什么会这么做了吗?"

"老师希望同学之间要团结友爱,互帮互助,不能以强欺弱。"

"你现在希望小李怎么做,才能原谅他?"

在与学生谈心时,教师一定要冷静倾听,并引导他们敞开心扉。而且,需从多方面了解事件发生的来龙去脉(单方面的叙述,有时会遮蔽事情的真相,有时受欺负一方甚至被说成是欺负者),并以同理心去倾听、了解学生的需求,观察、体会他们的感受。教师引导的目的,是希望两个学生能握手言和。

2. 与家长沟通,协商解决问题的办法

学生大王的父母在不明真相的情况下,强烈要求班主任以"偷窃"名义在全班公开批评小李同学,这种方法显然不妥。为此,班主任先要与大王的父母真诚沟通。

"大王同学的家长,非常抱歉,在我的班级里发生了这样的事,给你们造成了困扰。"

"如果我的名贵礼物被弄坏了,心里肯定也是非常难受的。"

"请家长先消消气,平复一下情绪,然后我们一起想办法解决这个问题。"

"一个班级里的学生在一起相处,时间长了难免会有些磕磕碰碰。先听我把事情的来龙去脉说一下,好吗?"

"在教育孩子前,我们要客观分析事情发生的根源,这样才能妥善解决问题,也更有利于孩子成长。"

"将心比心,如果您的孩子是那个被欺负的人,您会有什么感受?"

"现在,我已和两个孩子谈过了,他们都表示愿意原谅对方。既然如此,那么我们做家长的何不大度一点呢?"

"孩子在家里都很受宠,而学校是一个人员密集的地方,尤其是低年级学生,相互之间总会出现一些小矛盾,但这些问题都是可以解决的。对孩子成长过程中犯的错,我希望家长们能以更多的宽容心去处理。"

3. 召开主题班会

为了引导学生学会交往,班主任可以召开以"同学之间如何正确交往"为主题的班会课,主要环节设计如下。

◆ 第一个环节:热身游戏,"跟欺负说不"。

先播放知心姐姐读一段文章的录音。小勇是一个大个子男孩,他力气大,总爱欺负比较矮小的吉姆。吉姆很害怕他,又不敢对父母和老师讲,怕小勇知道后会报复他。吉姆越不敢反抗,小勇就越爱欺负他。终于有一天,吉姆开始反抗了。他不想这样软弱下去,就勇敢地站到小勇面前,挺直自己的身躯,大声地对小勇说:小勇,你这样做是不对的,我不怕你了,你以后也别想欺负我。

再推出游戏规则:当你听到"欺负"这个词时,向着同桌的手臂拍一下,拍完后马上回到原位;先下手的人获得机会,没拍到的人则失去机会,下次听到"欺负"后再来试。游戏之后,互相交流:当自己拍打别人时有什么感觉?当自己被别人拍打时又有什么感觉?这些感觉好受吗?自己心里会服气吗?想不想再拍回来?

◆ 第二个环节:烦恼大解码。

列举三个常见的学生烦恼场景:(1)同学之间起绰号;(2)自己的东西被别人不小心弄坏了;(3)小明同学被人孤立。以小组为单位开展讨论:有什么好方法可以不让被欺负者受伤,又能避免再次被欺负?教师追问:"当你被人欺负时,心里有什么感觉?生活中会受到什么影响?那时候你是怎么做的?那结果是你想要的吗?小明同学受到排挤后会有怎样的感受,生活上会受到哪些影响?"

小结:给别人起绰号,是把自己的快乐建立在别人的痛苦之上的行为,更是不尊重别人、欺负别人的表现；欺负会给他人带来伤害，同学们要明白相互之间应该友好相处，不欺负对方，并学会用积极的方式应对欺负。

◆ 第三个环节：神奇的小纸条。

如果自己曾经欺负过别人，就做第一个道歉的人，写一张纸条，真诚地向对方表达自己的歉意。写完之后，把它投进魔法袋，你的心愿就会实现。

小结：不管你曾经是否欺负过同学，也不管你曾经是否被欺负过，只要能真诚、积极地去面对，就会惊喜地获得一份谅解；拿出小纸条，可以署名，也可以匿名，写出你最想道歉的班级同学的名字，并且写出你想对他说的话。

通过道歉，让学生体会到真诚面对会让自己获得内心的快乐，同时也会获得同学的真挚友情。

| 理论解读 |

本案例结合自身感受，首先，采用了同理心和共情原理，以此体会和理解学生及其家长的情绪，化解他们的负面情绪。在安抚学生及其家长之后，再真切地和他们开诚布公地进行交流。对同一个问题，引导每个人换位思考，站在他人的角度考虑问题，会有不同的看法，进而找出根源，分析利弊，引发学生自觉自悟。其次，通过主题班会进行集体教育，采用游戏体验、角色扮演、问题讨论等形式，引导学生体会遭遇欺负时的感受，并学会掌握正确处理问题的方法。通过这样的针对性活动，为构建良好的班风学风奠定基础。

22 家长未按学校要求安排孩子学做家务并且"弄虚作假"

情境呈现

四年级学生小强在家饭来张口,衣来伸手,从来不做家务。最近,学校要求家长在家指导孩子完成一些简单的家务劳动,并拍照上传给老师。而小强父母认为孩子还小,做不好家务,所以没让他做,只是让他摆出做家务的姿势拍照。作为班主任,你知道了这一情况后,该如何教育?

〔来源:第九届长三角地区中小学班主任基本功大赛小学组(备用)情境模拟题第3题〕

表象透视

本案例中的问题,根源是家校在教育观念上发生了冲突。

问题诊断

摆拍一张正在劳动的照片,曾经被相当多中小学生的家长当作完成劳动作业的证明。现实中,很多家长都觉得孩子年龄小,做家务是"帮倒忙";等到孩子年龄大一点,又怕耽误了功课。因此,家里的大小事务仍然都由父母忙里忙外。本案例中,小强已上四年级了,依然过着饭来张口、衣来伸手的日子。父母的宠爱,导致孩子从来不做家务。为了完成学校布置的作业,家长就让孩子摆拍。有时一次没拍好,就再拍一次。如此一来,家长成了导演,孩子成了演员,完全背离了劳动教育的初衷。

| 应对策略 |

1. 与家长沟通，促使家长提高认识

"小强爸妈，我想了解一些孩子在家做家务的情况。"

"孩子还小，让他做家务有时反而'帮倒忙'，家长有这种想法可以理解，也许是出于对孩子的一份爱吧。"（同理心）

"在我看来，孩子的可塑性很强，让他学干家务活，就看家长能不能放手，而且小强已经上四年级了。很多时候，不是孩子不能做、不会做，而是大人不让他做。家长不宜让孩子的劳动只定格在照片里，而要让他亲自感受劳动的辛苦。这样，孩子才能学会感恩，才会珍惜现在的生活。作为父母，要适当'偷懒'。孩子自己的事情，让他自己去做；家里的事情，要他帮着做。有研究表明，那些从小就会做家务的孩子，将来在职业生涯中可能会更成功。"

通过摆事实、讲道理，使家长认识到：让孩子帮助父母做家务，目的是要培养孩子的责任感以及独立生活的本领；家务劳动是孩子成长过程中必不可少的锻炼，对孩子成长益处多多。

其一，培养孩子的生活技能。家长要孩子做一些力所能及的家务，教孩子一些必需的生活技能，帮助他通过生活自理的体验，树立自主、自强、自我完善的信念，增强适应自然环境和社会环境的能力。

其二，培养孩子的家庭责任感。为孩子安排家务，是让他承担一份责任。在做家务的过程中，孩子可能会遇到困难，但通过独立思考，可以锻炼解决问题的能力，更因此增强了责任意识。有一项调查表明，爱做家务的孩子拥有更高的心理健康指数和家庭幸福指数。

其三，教育孩子懂得感恩。孩子参与家务劳动，能从做家务的辛苦中体会到父母的关爱，由此产生体恤之情，懂得为何要爱父母，学会如何为他人着想。

"我们再来分析一下，'让孩子摆拍劳动照片'这样做是否合适，请家长说说那会给孩子造成什么影响？"

"我认为，用'摆拍'完成劳动作业，实际上是将教育当成'作秀'，让孩子形成'什么事都可以通过摆造型去敷衍应付'的意识。这是在传递错误的价值观，对孩子长大后进入社会极其不利。今后，孩子在独立处理事情时，就会习惯性地寻找所谓的捷径，习惯性地摆造型去应对，认为这样就能解决问题。所以，希望家长做好正面引导，放手让孩子独立承担力所能及的家务劳动，坚持学习新的劳动技能，养成会做家务的习惯；并通过言传身教的示范，告诉孩子社会责任、家庭责任不可推卸，履行自己的义务没有捷径可走。"

2. 举办家长沙龙活动

为帮助家长转变观念，提高认识，班主任可以"爱子女，做家务"为题，举办一次家长沙龙活动，主要环节做如下设计。

第一，请家长列举家庭日常生活场景——父母包办代替了孩子的一切，并展示学校的调查报告，同时提出问题：到底是哪些原因导致孩子没能参与家务劳动？

第二，引导家长换位思考，听一听孩子的心声，明白今天的孩子之所以缺乏劳动意识和劳动技能，根本原因在家长身上。

第三，介入家教指导。促使家长懂得：要孩子劳动，并不仅仅是学做简单的家务活，而是培养一项生存技能。在孩子的成长过程中，劳动是一门必修课。

第四，通过同伴相互支招、教师科学引导，在教孩子做家务的问题上，为有需要的家长提供一些具体建议和操作方法。

通过沙龙活动，进一步转变家长的教育观念，增强家长教育孩子的责任感，鼓励家长给孩子提供适当的劳动机会，并给予适当的指导、监督，不断提高孩子的生活自理能力。

3. 组织主题班会

像小强这样的学生，在班级里是比较多的。为此，班主任有必要组织一次以"家务劳动那些事儿"为主题的班会课，主要环节设计如下。

◆ 第一个环节：视频导入，揭示主题。

播放班级劳动中学生活动的照片花絮，引导大家交流劳动时的感受和体会，在快乐的气氛中引出班会的主题。

◆ 第二个环节：家务劳动有技巧。

首先，让学生交流当家庭小主人时遇到的困难和麻烦，明白家务劳动也需要开动脑筋，并分享自己在家务劳动中学到的小技巧。其次，创设"小妹妹有个乱抽屉，大家帮忙来清理"的活动情景，引导学生开展小组讨论，通过动手操作，总结抽屉收拾的方法，归纳做事的技巧。

◆ 第三个环节：家务劳动需坚持。

以"在家会帮助爸爸妈妈做家务吗"为题，引出讨论主题。先以四格漫画呈现露露小朋友星期天在家的生活现状：起床后，丢下凌乱的床铺；早餐时，等着奶奶给她盛饭；午饭后，扔了碗筷就去看电视；写完作业后，书桌上一片狼藉。然后组织小组讨论，听听露露烦恼的心声："今天是星期日，应该休息吧，家务劳动也应暂停。而且，反正我每次做家务，妈妈总是嫌弃我，还是不去做的好！"再次组织学生讨论并交流，最后归纳：露露要主动和父母沟通，相信爸爸妈妈也会支持她分担家务劳动的。

◆ 第四个环节：家务劳动话感恩。

首先，先播放一段视频《孩子的账单》：男孩从同学那里得到启发，回家后帮妈妈做家务，并开了一份账单，标注每一样家务的价格，共计10元。再播放一段视频《妈妈的账单》：妈妈看到后，同样列出了一份账单，写了很多免费为儿子做的事；孩子看到后，理解了妈妈的苦心，并表示以后会一直帮妈妈做家务，感恩妈妈的付出。然后，组织学生谈谈自己观看后的感受，激发学生体会父母的无私付出，懂得感恩。

后续拓展：开展"'慧'家务，会生活"家务打卡活动，推进家班共育，监督学生主动做好小家务，坚持养成好习惯。

| 理论解读 |

虽然现在全社会都很重视劳动教育，国家也专门出台了加强新时代大中小学劳动教育的文件，学校更关注培养学生的劳动意识。但从家庭的反馈信

息看，孩子的劳动意识和劳动能力还是不强。归根结底，与家长的思想认识有关。因此，要培养学生的劳动习惯，需要唤醒家长对孩子劳动的重视。

  本案例中，首先，采用疏导原则。针对小强父母的做法，班主任首先以"同理心"与他们交流，表示理解家长这么做的初衷。沟通的关键，在于从科学角度对家长的做法进行分析，引导家长转变观念、提高认识。同时，通过家长沙龙活动，以点带面，指导家长如何培养孩子的劳动意识和劳动能力，并以父母的言传身教，培养孩子的责任感、独立性、自信心等良好心理品质。其次，保持教育的一致性和连续性，推进家校协同育人。再次，通过主题班会，引导学生感悟劳动的意义和价值，懂得为父母分担家务是一种孝行，促使学生主动做家务，并坚持将做家务作为一种自觉行为。

23 孩子被同学欺负后，家长找上门来讨说法

情境呈现

一天，初一（1）班学生小 A 的家长来到教师办公室，向班主任王老师反映情况："老师，我的女儿小 A 性格很软弱，被人欺负了也不敢做声。上学期，有个学过跆拳道的女同学小 B 一直欺负她，虽然不算暴力，但是比较凶。女儿说打不过她，没办法。这学期，小 B 成了她的同桌，对我女儿还是很凶，我一直没有向您申请换座位。但是上周小 B 做了两件很过分的事：一次是抢走我女儿做完的数学卷，再拿她自己的空白卷掉包；还有一次小 B 在担任预习检查任务时，居然对老师说我女儿没预习。这两天，我女儿一直说不想来上学，怎么办？"如果你是班主任，你会怎样做？

〔来源：第九届长三角地区中小学班主任基本功大赛初中组（备用）情境模拟题第 5 题〕

表象透视

本案例的焦点：一是学生的人际交往问题；二是学生人际冲突带来了家校矛盾。

问题诊断

在同一所学校、同一个班级学习的学生，交往中总会有些矛盾或摩擦。当受到欺负时，有的人选择了屈辱地承受，这反而会助长歪风邪气；有的人则选择以暴制暴，以发泄胸中怒气，那可能会导致事态变得更加复杂。本案例中，学过跆拳道的小 B 比较强势，平时对小 A 也比较"凶"；而小 A 性

格很软弱，被人欺负也不敢说一声。正是因为小A受欺负时选择了沉默，这反而助长了小B的不良行为。久而久之，小B对小A的欺负就变本加厉了。由此导致小A害怕上学，她的家长这时才找班主任，请求解决孩子被人欺负的问题。

中学生在校内人际交往中出现一些小摩擦、小矛盾和小冲突，都实属正常，但一些性格软弱的学生会因此而感到自卑。如果班主任对此不重视，那么很容易引发家校矛盾，所以必须加强针对性教育。

▎应对策略▎

1. 首先向家长道歉，请求谅解

面对找上门来的学生小A的家长，班主任要首先安抚他的情绪："小A家长，您先消消气，慢慢说。"

根据小A家长的陈述，班主任了解了"小A不想来上学"的原因，并及时向家长道歉。

"小A家长，我首先要向您道歉。由于我平时工作的疏忽大意，给小A同学造成了这么大的心理困扰，也给您增添了烦恼。小A同学性格很软弱，小B同学性格偏强势，正是由于我的不在意，导致学生之间出现这样的问题。我很自责，也很内疚。不过请您放心，我会妥善解决学生之间的问题，也会更加关心小A同学。"

2. 上门家访，排解小A的烦恼

小A性格软弱，被人欺负也不敢做声，在同学中肯定不受重视，朋友很少。对于这样被边缘化的学生，班主任应多一分关心、多一分体贴。"小A不想来上学"，这说明小B的行为已经给她的心理造成了一定影响。对此，班主任有必要进行家访，好好开导小A。

"小A，你别怕！告诉老师，自己受了哪些委屈？"

"有同学欺负你，你为什么不敢说呢？"

"记住，学校老师会像妈妈一样保护你的！在学校里，谁也不能欺负谁，如果以后有同学欺负你，你要在第一时间就告诉老师，能做到吗？"

通过谈心，传递班主任的关爱，驱散小 A 心头的阴霾，唤醒小 A 的自信心。

3. 再与另一方家长沟通，达成教育共识

考虑到学生小 B 的行为存在一定的偏激性，班主任有必要与学生家长联系，全面了解该生的情况，以有利于后续的针对性教育。

"小 B 的家长，听说孩子最近在学跆拳道，是吗？"

"家长为什么会让女孩子学这个运动项目呢？"

"你们觉得孩子的性格有什么特点？"

"在学校里小 B 欺负其他女同学被人告状，不管是有意还是无意为之，欺负同学是不可以的，这一点要坚决改正。"

通过和小 B 家长的沟通，班主任了解到，家长让孩子练跆拳道，是为了保护自己。当然，家长还有攀比心理，看到别家的孩子在学跆拳道，自己很羡慕，所以就让孩子也跟着学。在这个过程中，孩子也可能受跆拳道的影响，性格变得强悍了，有时不经意间就会盲目模仿跆拳道的动作，导致了现在的行为。

"家长对孩子的进步要给予肯定、表扬，对孩子的错误行为，该批评的就要批评，不能含糊。同时，要适当地让孩子做家务，培养孩子的自理能力，提高与家人交往的能力。"

4. 召开主题班会，引导学生"与人为善"

为了营造良好的班风，班主任可以召开一节以"与人为善"为主题的班会，主要教育环节设计如下。

◆ 第一个环节：播报新闻，引出主题。

播放一则有关校园人际冲突的案例，引出主题。

◆ 第二个环节：现状调查，探究了解。

学生以小组为单位，进行校园人际交往现状调查，探究问题行为的形成和学生的态度，并完成调查报告。

◆ 第三个环节：情境思辨，学会选择。

情境1：同学之间因一点小事互不相让，发生口角，甚至动手打架，对此我该怎么办？

情境2：我外貌平平，身体矮胖，就像一只丑小鸭，被同学瞧不起、看不顺，还被说像一个傻瓜，对此我该怎么办？

情境3：上厕所时，被几个人叫住了，表面上说是借点钱用用，其实就是敲诈，对此我该怎么办？

教师将学生的讨论结果进行归纳提炼。

◆ 第四个环节：遵守规则，与人为善。

同学们共同生活在班级这个大家庭中，彼此之间就应当互相帮助、互相谅解、互相包容。如果我做到了"与人为善"，可别人对我并不"善"，此时怎么办？当然，不能逆来顺受，也不可以牙还牙，而要利用规则来保护自己。由此，组织学生讨论，最后归纳出"与人为善"的具体做法。

理论解读

首先，运用了真诚、尊重、关爱等原则。班级工作是一个充满情感的工作，是师生乃至家校之间感情交流、共鸣的过程。如果班主任本着"真诚、尊重、关爱"的原则对待学生及其家长，那么学生和他们的家长对班主任的信任感自然会日益增强，从而取得好的教育效果。本案例中，班主任知晓了小A的情况后，能放下身段向家长真诚道歉，不仅没有丢失面子，而且赢得了家长的信任。对学生小A，通过和风细雨般的循循善诱，给予她更多的人文关怀，改变着她的认知、情绪、行为和意志，达到了排忧解难的目的。与小B家长的谈话，尊重在先，以理服人，整个交流过程的核心是关心人、尊重人，实现了有效沟通。

其次，运用集体教育原则。一次成功的主题班会，有助于培养学生自我教育和自我管理的能力，增强集体的凝聚力，有助于促进学生的全面发展和班集体的形成与发展。本案例中，为了解决学生人际交往中的矛盾和问题，班主任组织主题班会课，通过案例分析、情景思辨、小组讨论等途径，引导学生掌握正确的人际交往规则，逐步养成良好的道德品质。

24 孩子比较挑食，
家长向班主任提出午饭时不要让她也"光盘"

情境呈现

六年级学生小红比较挑食，遇到自己喜欢吃的，就吃得快；遇到不喜欢吃的，就会慢慢地磨。学校提倡"光盘行动"后，在老师和同学的帮助下，小红吃饭有了进步。可有一天，小红妈妈来校对班主任说："小红现在对吃饭有恐惧心理，孩子的身体我们自己负责，老师能否不要求孩子吃饭做到'光盘'？"还说，她认识学校校长，也向校长说明了孩子的情况。作为班主任，你会怎么做？

〔来源：第九届长三角地区中小学班主任基本功大赛初中组（备用）情境模拟题第 3 题〕

表象透视

本案例的表象是学生的挑食问题，其实质则是由家长教育观念引发的家校矛盾。

问题诊断

很多孩子从小就挑食、偏食，只爱吃荤菜，不愿吃蔬菜。面对这种普遍现象，学校提倡"光盘行动"，教育学生逐步改掉不良的饮食习惯。学生小红虽然比较挑食，但在老师和同学的帮助下，吃饭有了进步。本案例中，小红妈妈的干预，给班主任带来了难题。问题的根源是家长教育观念的偏颇，没有对孩子进行正确引导，任其不良习惯发展，因而加重了孩子的心理负担。

应对策略

1. 缓解家长的情绪,并进行疏导

"小红妈妈,你此刻的心情我能理解。如果自己的孩子因为学校的一些要求而造成心理恐惧,作为母亲确实是很揪心的。学校倡导的'光盘行动'给小红同学造成心理困扰,这可能是我们的教育方法欠妥,在此,我向您道歉。现在我们一起来想办法解决这个问题,你说好不好?"

"推行'光盘行动',应该说是正确的。作为家长,不论在家里还是在外吃饭,要通过言传身教,引导孩子不浪费食物。'光盘行动'提倡饭菜吃不了打包回家,这不是没面子,而是一种美德。让孩子在吃饭中潜移默化地受到影响和熏陶,孩子的'光盘'意识会越来越强。"

"孩子在家挑食,不听父母劝说而浪费粮食是不对的。如果家长让孩子由着性子任意作为,久而久之,孩子容易养成挑食的习惯。"

在与家长沟通过程中,班主任要建议家长正确引导孩子不偏食、不挑食,包括为孩子制作科学的、有营养的美食菜谱,让孩子了解各种食物的营养价值,以达到营养均衡。同时,创新烹饪方法,激发孩子食欲,帮助孩子养成良好的饮食习惯。

2. 召开主题班会,达成共识

为引导学生正确对待"光盘行动",班主任可以"今天,你光盘了吗"为题召开班会课,开展集体教育。先讲解午餐在一天生活中的重要作用:可以满足人能量补充的需要,为学习提供动力。然后指出,乱倒饭菜是一种铺张浪费的行为,需要改正。同时,围绕"小明同学积极参加班级的'光盘行动',可是他在午餐时遇到不喜欢的菜,吃了后胃会难受,那该怎么办"这一问题,组织小组讨论,要求大家畅所欲言。对此,有的学生说:"挑食的同学遇到不喜欢的菜,可以先把喜欢的吃完,不爱吃的倒进汤里,混在一起吃。"有的说:"同学之间可以互相帮助,交换着吃,这样就不会浪费了。"也有的说:"可以允许对部分食物过敏的同学适当剩饭菜。"最后,全班一致认同将"光盘"作为班级日常评比的一个项目,每次做到光盘的学生可以得到"一颗星"的奖励,能坚持一个月的可以评为"光盘小达人"。

3. 找小红谈心

"小红,你最喜欢吃的菜有哪些,哪些菜又是你不喜欢吃的?"

"改天老师请你到我家去,尝一尝老师做的菜,好吗?"

"同学们在帮助你'光盘'时,你是否觉得有压力?"(预案:老师和同学可能没有顾及到你的感受,对不起。)

"你妈妈向老师提出,不让你参加光盘行动,你要不要这个特权?"

"现在班级规定,允许部分饭量小、对某些食物过敏的同学适当剩饭菜。希望你不要有任何心理负担,但一定要保持营养均衡。"

通过班主任的循循善诱,小红紧张的心情舒缓了些,后来逐步养成了积极健康的饮食习惯。

4. 在合适的时机,向学校提建议

为从根本上改善学生的饮食习惯,学校要设法改善伙食,让学生能吃饱、吃好,吃到可口的菜肴。在这方面,教师可以在征求家长意见的基础上向学校提出建议,如采取弹性规定,提供面条或馄饨,学生不吃配制的饭菜,可以选择面食。

| 理论解读 |

首先,运用共情原理,安抚家长的情绪。班主任以真诚的道歉拉近了家校关系,避免站在家长的对立面。

其次,通过说理开导与家长沟通。既指出家长要解决自身存在的问题,强调家长应从自己做起,给孩子树立榜样,让孩子在潜移默化中受到正确的影响;又向家长提出了合理化建议,为孩子制作科学营养的菜谱,并提高烹饪技术等,目的是培养孩子健康的饮食习惯。

再次,发挥主题班会的集体教育功能。围绕班级的共性问题和特殊学生的个别问题,引导大家讨论、分析,得出解决问题的方法,实现自我教育的目的。

最后,实施关爱教育。对案例中学生小红的问题,教师给予她更多的理解和关爱。不仅邀请她到老师家里做客,而且基于特殊情况制定特殊班规。这些做法的出发点,都是为了让学生健康快乐地成长。

25　中途接班的班主任，不受学生家长信任

> **情境呈现**
>
> 这学期中途，我接手了一个学习、卫生、纪律俱差的班级。对这些，自己早有心理准备。而让我万万没有想到的是，学生家长对我极度地不信任。有的家长毫不客气地对我说："老师，这个班以前问题百出，期待你能花点时间、尽点心，拿出教师应有的魄力来整治班级，让我的孩子有一个静心学习的环境！"有的家长在家长微信群里直言不讳地留言："又换了一个班主任，走马灯似的，不知这个老师会演一出什么样的戏！"看到家长们的埋怨与批评，我心里很不是滋味。请你说说，我该怎么办？
>
> （来源：第九届长三角地区中小学班主任基本功大赛初中组情境模拟题第17题）

表象透视

本案例的问题，是中途接班的班主任都会遇到的。家长对班主任缺乏信任感，是家校关系不顺的重要原因。

问题诊断

中途去接一个班级，对教师来说是比较头疼的事。现实中，很多教师都不愿意当"二手班"的班主任，甚至有人将中途接班的班主任称为"后妈"。究其原因，主要是每个班主任都有自己的带班思路，中途接手一个班级，不仅学生不适应，教师自己也会不适应，常常感叹"后妈"难当。本案例中，

班主任接手的还是一个"双差"班,其工作难度一方面来自学生的排斥——他们会想方设法制造出许多麻烦;另一方面来自家长的不信任——有的家长直言不讳地对老师提出要求,有的家长说话不留情面。

中途接班,对班主任来说无疑是一次挑战和考验,但也是班主任培养和提高班级管理能力的大好机会。为此,班主任首先要对班级做全面深入的调查,其次要在班级管理方面下一番"苦功夫"和"狠功夫",还要密切家校合作。这样,肯定能改变原来的班风和学风。

应对策略

1. 深入调查,客观分析班级现状

班主任要想尽快地掌握班级的基本情况,就需要进行"望、闻、问、切"。望,即仔细观察,从观察学生日常活动中的表现入手,把握其行为特点,并据此分析这种表现背后的主要原因。闻,即广泛地找学生谈话,从中多侧面地获取信息。学生反映的状况,有一致的,也有不一致的,班主任要善于甄别,做出客观的分析和评价。问,即向原班主任和任课教师咨询,以便全面地、多角度地了解班级中具体的人和事。切,即在班级各种活动的参与中去感受学生的实际状态,每一个课间、每天的常规教育和每周的统一班会,都是了解学生特点的直接途径。对于从不同渠道获得的信息,班主任要理性地对待、冷静地分析、认真地思考、辩证地应用。

2. 个别谈心,抓住班级里的核心人物

一个纪律涣散的班级中,肯定有几个"头面人物",他们往往是学习成绩不好、行为表现较差,而且还会影响整个班级风气的学生。因此,中途接班,做好班级里那几号人物的工作是关键。为此,班主任可以有意识地找这些学生个别谈心。

"小明,老师发现你对同学很友善,乐于助人。"

"小强,最近你在学习上有困难吗?有什么困难可以对老师说。"

"小华,你在体育方面很有优势,班级运动会上你要展示自己的

才华哦。"

"同学们，大家都希望自己在一个快乐、温馨、美好的班集体中学习和生活，这需要我们共同努力。"

发现每个学生身上的闪光点和特长，并在一些公开场合及时予以肯定和表扬，从而帮助他们树立自信。

3. 召集微家长会，缔结同盟军

班主任可以召集一些有意见或有想法的家长开会，组织他们参与班级管理。

"作为家长，不管孩子是上幼儿园，还是读小学、中学，都希望他能遇到一个好老师，都希望老师能教孩子养成良好的习惯，懂得做人的道理，学会更多的知识，掌握更大的本领，为以后的人生发展打下坚实的基础。因此，对我们这个班级，家长们都很担心，也很期待老师能做好工作，这一切我非常理解。"

"其实，一个孩子在成长过程中出现这样那样的问题，是很正常的，关键是大人对他要好好引导。学校教育离不开家庭教育的支持和配合，因此，希望家长们能出谋划策，齐心协力管好我们这个班级，让孩子们健康成长。"

在宽松的氛围中，班主任引导家长们打开心扉，畅所欲言。这一过程中，教师也巧妙地提出了自己的建班理念和思路，一些问题在对话中迎刃而解。这样做的结果，不但使家长成了班主任的同盟军，更重要的是，让家长从不信任变为想参与。家长积极参与班级事务管理，和班主任一起助力孩子更好地成长。

4. 召开主题班会课，营造良好班级氛围

为了营造良好的班级舆论氛围，班主任适时召开主题班会"让班级因'我'更美好"，主要环节设计如下。

◆ 第一个环节：感知"我"自己。

播放视频《我们共同走过的日子》，学生在欣赏照片的同时，感受同学们都把自己最好的一面发挥了出来，感知作为集体中的个体，应当各尽所能，由此引出主题。

◆ 第二个环节：体验"我"自己。

组织游戏"报纸搭塔"活动。在游戏中，每个学生要用报纸搭出一座塔，彼此不允许用语言来表达各自的想法，但可以通过其他形式进行交流。整个过程没有口头语言，只有眼神的示意、手势的指点，更需要一点即通的灵犀。大家一起帮助操作者分析成功的秘诀、失败的原因，最后探讨如何让精彩延续，由此引导学生认知班级中的精彩和不足。

◆ 第三个环节：反省"我"自己。

观看一幕情景剧，剧中人物的表演是综合班上个别学生的不良行为而改编的。学生交流观后感，教师归纳提炼：当"我"发现自己不被接纳时，首先要反省的是自己的不足；因为"我"的一举一动，都会直接影响别人的学习生活，并呈现班级的形象。

◆ 第四个环节：亮出"我"自己。

首先，讲述身边同学对班集体负责任的故事，让他感到同学们的可爱，激起对同学的感激之情，加深相互之间的友谊。其次，开展"我为集体献金点子"活动，通过调动学生积极性，找出解决班级问题的好方法，增强每人参与班级管理的意识。

归纳：身边的事情虽小，但道理却深刻。每一次不同的行为选择，都会导致不同的结果。每个人要感受到自己在班级中的作用，让班级因为有了自己而精彩。

5. 爱心加耐心，静待每一朵绽放

爱心是教育的根本，耐心则是班主任需要修炼的。当学生反复犯错时，班主任不可操之过急，更不能草率处理，而要以宽容心对待。当然，宽容不是姑息，更不是放弃原则和要求的放纵，而是正确分析学生的错误，耐心细致地启发教育。还要善于等待，决不能急躁，一定要让学生有一个认识和转变的过程。因此，作为教育工作者，虽然希望每个学生都是最优秀的，但结果总是有差异的。班主任要告诫自己，耐心地静待花开，虽然有时候等了半天花还是不开，但自己要沉住气，要心存信念，待花绽放。迟开的花蕾和早开的花朵有同等的价值。

理论解读

首先，运用以积极因素克服消极因素的原则。这有利于增强学生战胜"自我"的积极体验，提高学生自我教育的积极性，并养成自我教育的能力。本案例中，班主任通过和班级"头面人物"谈心，发现其闪光点，引导他们形成健康良好的思想品德。

其次，运用正面教育、疏通引导原则。本案例中，班主任通过召开主题班会课，引导学生充分认识自己在集体中的地位和使命，正确处理集体利益与个人利益的关系，尽职尽责地做好自己应该做的事，实现在发展集体事业中发展个人的目的。

最后，运用家校协同育人原则。传统的班级管理，家长参与的机会很少，多数的做法是班主任发通知，家长配合老师做事。本案例中，班主任基于"同理心"，召集微家长会，听取大家的建议。家长觉得自己被理解，很多问题都因为"共情"而变得简单了。

26 学校运动会临近中考，学生家长不支持孩子参加

情境呈现

学校体育节即将开幕，全班学生热情高涨，利用午休、放学时间积极训练。可好景不长，一周后竟有约三分之一的学生要求退赛。班主任苦心劝导，他们才说出实情："不是我们不想参加比赛，而是家长不允许！教数学的张老师也说，这么宝贵的时间用掉了，你们到底要不要参加中考？"对此，如果你是班主任，该怎么办？

〔来源：第九届长三角地区中小学班主任基本功大赛初中组（备用）情境模拟题第4题〕

表象透视

本案例的问题焦点是，临近中考，任课教师与学生家长注重的是文化课学习，对班级体育活动持反对态度，学生则处于两难境地，由此引发了家校矛盾，以及班主任与任课教师之间的冲突。

问题诊断

对初三学生来说，学习重点当然是放在迎接中考上。一方面，学校对教师有绩效考评的要求，其中学生成绩为主要依据。每个任课教师都希望学生学好自己教的那门课，于是就争分夺秒、见缝插针，甚至占用学生的体育活动时间，目的是让学生在中考中取得好成绩。另一方面，家长都有望子成龙之心，要自己的孩子学习好，比别人强，将来能考上好大学，有份好工作。因此，家长对孩子学习严加要求，对学习之外的活动基本上不支持。本案例

中出现的问题，反映了任课教师和学生家长的共同心态。应该说，体育运动与文化学习本身并不矛盾，体育活动还可以缓解学生的学习压力，稳定学生的紧张情绪，乃至开阔学生的视野，让学生以良好的精神状态迎考。据此，班主任要协调好与任课教师及学生家长的关系。

应对策略

1. 与家长沟通

班主任可以茶话会的形式与部分学生家长交谈，先让家长们说说孩子在家的学习情况，以及孩子的行为表现、情绪等，然后提出问题。

"请各位家长说说，你们不让孩子参加体育节活动的理由，或者有什么顾虑。"（预设：担心时间不够用。）

引导：初三学生学业任务重，每天的学习生活形式单一，课外活动时间少，课外的体育活动更少。如果一味地专注于学习，大脑一直处于紧张状态，学习效果反而会降低。其实，明白人都看得出来，孩子参加中考，做家长的比孩子更焦虑。

由此，给家长提出如下建议：

第一，调整好自己的心态。关注孩子的身体状况，为孩子做一些有营养又美味的饭菜，引导孩子增加体育运动。体育运动不仅能锻炼身体，还能培养孩子顽强的品格和拼搏的精神。

第二，掌握一些指导孩子放松的方法，让孩子拥有轻松平和的心态。在家忌用下面这些话：你一定要冲刺重点高中；你什么事都不要做，只要好好复习就行了；多年苦学，关键的时候到了，一定要好好把握；在班上你一定要考到第X名；好好复习，中考时来一个超常发挥；你班的某某这次模拟考得了多少分，你比他少多少；等等。

第三，切忌过分干涉，取消孩子的一切娱乐活动。要引导孩子适当开展一些活动，如篮球、晨跑、趣味运动等，让孩子在活动中缓解压力，稳定情绪，使学习、生活张弛有度。特别是在考试前几天，让孩子用一些放松活动来调整心态，以达到最佳的迎考状态。

2. 与任课教师沟通

"首先,感谢数学老师对我班学生的厚爱。也深感数学老师难当,大面积提高学生成绩,必须花很大的气力。其实,老师的心里也承受了很大的压力,甚至出现焦虑、不安等情绪。我们也要给自己减压,让自己放松心情,助力学生中考!"(共情)

"社会对学校的认可,往往是根据学生的升学情况判断的,升学率高的就是好学校,升学率低的就是差学校。在这种压力下,老师们都在尽心尽责地为学校创造更好的社会声誉而努力。现在,毕业班抓得不紧,家长们会有意见,并对学校施压。但是,学生也需要劳逸结合,如果我们一味地专注于提高学生成绩,这样的结果往往是老师教得累,学生学得累。"(同理心)

"在您看来,学生参加体育训练会影响学习成绩吗?"(具体化)

"组织学生参加体育运动,是学校体育节的统一要求,每个班级都在发动学生积极参加。学生参加活动,做到劳逸结合,才能有更好的精力投入学习。所以,我觉得必要的体育活动还是要让学生参加,何况体育活动也是培养学生意志品质、团队精神,以及班级凝聚力的一条重要途径。"

理论解读

首先,运用疏导原则与家长沟通。现在,社会就业压力越来越大,使得学生学习压力也变得越来越大。上名校,好就业,已成为不争的事实。因此,家长重视子女教育,以考试成绩论英雄,课外片面地补课、学特长,这些做法可以理解。在真诚地沟通下,班主任引导家长树立正确的育儿观念,不给孩子太多的压力,不对孩子寄予苛刻的期望,在生活上多照顾孩子,引领孩子健康成长。

其次,运用同理心与任课教师沟通。在中考、高考指挥棒之下,整个社会对分数的追求趋之若鹜,好像没有什么比学生的高分更重要。于是,凡与考试有关的科目就强化训练。学生"人在江湖,身不由己",教师也有苦难言。因此,班主任运用同理心跟任课教师交心,以心换心,获得理解和支持。这样,有利于班级问题的解决。

第五辑

师生关系问题——走进彼此心灵

师生之间存在着一条年龄鸿沟,一方是成年人,另一方是未成年人。在学校里,双方天天打交道,关系错综复杂。如彼此能学会友好相处,对教育的成功善莫大焉。只是现实中,师生矛盾会经常出现,有时候还比较尖锐,如要化解,则需双方能走进彼此的心里。

27　老师上课训斥学生的情景被学生录像，又正好被路过的班主任看到

> **情境呈现**
>
> 一天，我路过我班教室，忽然听到年轻的小李老师正在大发雷霆："你们都站起来！不想上课，那就站到下课！"我悄悄地通过教室后门上的窗口观望，看到几个学生七扭八歪地站着，尤其是小智，一副很不服气的样子。小李老师气呼呼地说："就你们这样学习，真是浪费时间，还不如去打工！不想听课就离开教室……"这时，我忽然发现小智正在偷偷地拿着手机录像，镜头不仅对着几个站着的学生，还多次对准小李老师。我感到大事不妙，心里犹豫着要不要冲进教室控制局面，但小李老师还在批评学生。如果你是班主任，该怎么办？
>
> （来源：第八届长三角地区中小学班主任基本功大赛初中组情境模拟题第1题）

表象透视

本案例中的问题，不仅是师生之间发生冲突，更有学生拿手机对着老师录像；它关系到班主任如何处理学生与任课教师的矛盾，还涉及教师的教育惩戒方式。

问题诊断

教育部颁布的《中小学教育惩戒规则（试行）》（下简称《规则》）（2021年3月1日起施行）强调，实施教育惩戒应当遵循教育性、合法性、适当性

的原则，符合教育规律，注重育人效果；遵循法治原则，做到客观公正；选择适当措施，与学生过错程度相适应。《规则》第八条规定教师在课堂教学中，第十二条规定教师在实施教育惩戒过程中，不得有"辱骂或者以歧视性、侮辱性的言行侵犯学生人格尊严""因个人情绪、好恶实施或者选择性实施教育惩戒"。本案例中，小李老师对学生的教育惩戒非常情绪化——"大发雷霆""气呼呼"，用"不想上课，那就站到下课""这样学习……还不如去打工"等歧视性言语批评学生，已经超出了《规则》规定的范围，导致学生产生逆反心理，并偷偷拍下视频。

任课教师和学生之间出现矛盾与冲突，可能双方都有责任。班主任如果一味地站在教师的立场处理，不仅不利于问题的解决，反而可能会激化师生矛盾。反过来，如果班主任只替学生讲话，也会失去任课教师对自己工作的支持。因此，班主任一定要冷静、果断地妥善处理，发挥协调、沟通、纾解作用，真正做连接师生关系的桥梁与纽带。

应对策略

1. 及时稳定双方情绪，控制事态发展

面对任课教师与学生发生冲突，有学生偷拍视频的情况，班主任必须当即出马，首先稳定双方情绪，控制住冲突，不使其升级，再分别做双方工作。

"小李老师，您先别生气，班级出现问题，给您添麻烦了，我非常抱歉。我这就让几位同学（包括小智）到办公室去，请您继续上课。"

这样的临场处理，避免了矛盾的激化。

2. 与学生谈话，了解事情经过

"请同学们分别讲讲今天课堂上发生的事，希望大家冷静下来，一分为二地看待这件事。"

"你们再想一想：李老师为什么要发火呢？"

"那是老师对学生的关心,也是对工作认真负责的表现,没有一个老师批评学生是为了'罚'他什么。教师的出发点都是为了更好地达到教育目的,帮助学生成长进步。同学们如果站在李老师的立场,就能理解老师的苦衷。"

"当然,李老师年轻气盛,发现学生的问题,心里着急,说了一些过激的话。虽然他的出发点是好的,但是言语可能伤了学生的自尊心。站在同学们的角度思考,你们心里确实不好受。对此,我会与李老师交换意见的。"

"小智同学,你为什么要拍老师的视频?"

"如果只是一时好玩,那就马上删去。这种视频一旦流传到网上,肯定会掀起轩然大波,不仅会给李老师、给同学带来伤害,也会给学校带来不好的影响,我不希望发生这样的事情。再说,学校是不允许将手机带进课堂的,请你把手机交给我处理。"

"以后如何避免这类事情再度发生,请同学们好好考虑。下次主题班会,我们一起深入讨论。"

3. 与任课教师沟通,交换各自意见

了解了事情的经过后,班主任再与小李老师个别沟通。

"李老师,我想向您了解一下课堂上发生的事。"

"我班上这几个学生实在调皮,让您费心了。他们对您有冒犯的地方,请多多包涵。"

"这几个学生的个性都比较强,还非常要面子,当众批评,容易造成逆反心理。所以,我们得用恰当的方式进行教育。您是负责任的老师,如何对这几个学生进行教育,您能给我一些好的建议吗?"

"我也向您反映一下学生的想法,好吗?"

"他们认为罚站、不想学就去打工、不想听课就离开教室等您在气愤时说的话,伤了他们的自尊心。"

"回想我刚入职时,当遇到不听话的学生时,也常常会'恨铁不成钢',甚至大动肝火。殊不知,说出不理智的话会伤到学生的自尊心,引起他们反

感,还会激化矛盾,使这些学生破罐子破摔。而且,这样批评根本起不到教育的效果。"

"对学生实施惩戒教育,教育部颁布的《中小学教育惩戒规则(试行)》有相关的规定和要求。我们在教育学生时,要管控好自己的情绪。实施惩罚时,一定要保持理智,不夹杂个人情绪,不能用有人身攻击嫌疑的言语。可以通过摆事实、讲道理,促使学生认识错误,改正错误。"

"有学生偷拍了您在课堂上批评学生的视频,我已经处理了。不管学生出于何种心态,视频如果传出去的话,我们老师会很被动,得不偿失啊。"

4. 召开主题班会,搭建沟通平台

为了进一步缓解师生的紧张关系,班主任以"人生路上的领路人——敬爱的老师"为主题召开班会,主要环节设计如下。

◆ 第一个环节:音乐导入。

播放歌曲《长大后我就成了你》,画面滚动播放,呈现师生之间点点滴滴的生活照片,引出班会主题"人生路上的领路人——敬爱的老师"。

◆ 第二个环节:感受——体验师爱之伟大。

学生讲述古人尊师的故事、名人尊师的故事,归纳出:尊重师教是中华民族的传统美德。组织大家回忆《程门立雪》的故事,感受古今中外的名人是如何尊重自己的老师的,并将他们作为学习的榜样。

◆ 第三个环节:剖析——领悟尊师之道。

表演情景剧《语文课上》:课堂上,某学生开小差,老师发现后提醒了几次,他依然我行我素,然后老师批评了,他不接受,还和老师顶嘴。组织学生讨论:这个小品中,学生的哪些行为是不对的,为什么?有没有做得对的地方,为什么?

◆ 第四个环节:行动——在感恩中成长。

一是观看视频《教师一天的工作》,激发学生对老师的敬爱之情。二是由学生讲述故事《让我感动的瞬间——我心目中的好老师》,激发学生感恩之情。三是现场考试:与老师交往时应该具备怎样的基本礼仪?

◆ 第五个环节：拓展——师生共诉心里话。

请任课教师和全班学生敞开心扉，说说心里话，拉近师生之间的心理距离，增进师生之间的友好感情，让平时的矛盾和误解从此烟消云散。

理论解读

协调师生关系、调解师生矛盾，恐怕是每一个班主任都会面临的问题。面对师生冲突，班主任往往处于一种"公说公有理、婆说婆有理，清官难断家务事"的两难境地。对此，班主任既不能不问青红皂白地对学生一顿批评指责，这样反而会激化学生与任课教师的矛盾；也不能袒护学生，使任课教师下不了台。班主任可取的思路是，通过妥善处理，将坏事变为好事。因为这样的事对做好班级工作来说，未尝不是一个契机，它也许可以成为班级建设的一个很好的切入口。

本案例首先运用了疏导原则，班主任先进行应急处理，稳定双方情绪，控制事态发展，然后，分别与学生和任课教师交谈，了解情况，耐心开导。教育学生时，强调要学会换位思考，换一个角度看问题，理解老师的做法。与任课教师交流时，向其介绍学生的性格特点，希望老师能以宽广的胸襟去接纳和包容犯错的学生，同时指出惩戒方式的不当之处。其次，运用个别教育与集体教育相结合的原则，通过召开主题班会，促进尊师重教良好班风的形成。

28 班主任批评违纪学生，
被批评者理直气壮地说"我是很懂法律的"

情境呈现

学生张峰多次违反校纪校规，上课经常迟到早退，课上玩手机，课间与同学吵架，还旷课、逃课。其行为已影响到班级其他同学的学习，班主任苦口婆心地对他进行批评教育，但收效甚微，于是对他说："你如果继续这样下去，就让你爸爸领回家，先养成最基本的行为习惯，再回校学习。"对此，张峰却理直气壮地说："你要是剥夺我的读书权利，我就去告你，我是很懂法律的！"如果你是班主任，面对这样的学生，会怎么办？

（来源：第八届长三角地区中小学班主任基本功大赛初中组情境模拟题第4题）

表象透视

本案例的问题是师生发生认知冲突，既有学生要"维权"，也涉及教师的惩戒权。

问题诊断

作为学生，应该遵守学校的规章制度。案例中的张峰，曾多次违反校纪校规，班主任的教育收效甚微。这是一名较典型的"行为偏差生"，要转化他不是一朝一夕的事。班主任说的"如果继续这样下去，就让你爸爸领回家"，表明了准备采取的惩戒措施，而学生却扬言要以剥夺受教育权利告老师。面对有维权意识的学生，班主任该如何教育？

教育部颁布的《中小学教育惩戒规则（试行）》的第十条明确指出：学生违规违纪情节严重或者影响恶劣的，学校可以实施以下教育惩戒，并应当事先告知家长——给予不超过一周的停课或者停学，要求家长在家进行教育、管教。据此，班主任可以对张峰进行停课处罚，本着"治病救人"的目的教育学生，使他在不断改正错误中成长起来。当然，实施这条惩戒措施，需要与家长沟通，达成一致意见。

▍应对策略▕

1. 与家长沟通，商议如何教育孩子

"张峰家长，我想了解一下孩子在家的各种情况，请先说说他的学习情况好吗？"

"正如您说的，孩子有很多优点，也有一些缺点。家庭教育中，如果家长过于关注、放大孩子的缺点，而对优点视而不见；或者过分夸大孩子的优点，忽视对他的要求，这两种极端做法都是不可取的。在教育孩子的过程中，我们应该一分为二地看问题。"

"请您说说，家庭平时是如何教育孩子的？"

"看来，所有家长都希望自己的孩子聪明懂事，长大以后有出息，成为出色的人才。"

"张峰同学的个性比较强，在班级同学中讲义气，不计较，气量大，他的这些优点我也很欣赏。但是最近他在学校里的表现不尽如人意，多次迟到早退，课间很是吵闹，还旷课、逃课，我找他谈了多次，但是没有效果。这说明我的班主任工作没有做好，抱歉了。可以向您表明的是，对于班上每个学生，班主任都把他看成自己的孩子。看到张峰同学只顾着玩，违反纪律，荒废学习，我不仅仅是生气，更多的是担心，真不希望孩子就这样发展下去。所以来和您商讨，采取什么方法帮助他纠正不良习惯。"

"对教育张峰，您有什么好的想法吗？"

"学校教育和家庭教育，在目标上是一致的，都希望把孩子培养好，将

来能够成人成才。对于家长来说，既不要袒护孩子的缺点，也不要太心急，采取简单粗暴的教育方法。从前，学生犯了错，私塾先生是用戒尺打手心让他记住教训。现在时代不同了，老师当然不能打手心了，但教育部也有规定，根据学生违纪的严重程度，学校可以实施'给予不超过一周的停课或者停学，要求家长在家进行教育、管教'的惩戒。因此，我的建议是：先让孩子停课几天，给他一个反省的机会。这段时间里，希望家长积极开导他。"

"惩戒是教育的一种方式，目的是对违规违纪学生进行严格管理，促使学生认识和改正错误，并引以为戒。希望孩子能通过这次教育及时改正错误言行，增强规则意识、责任意识，做一个遵纪守法的学生。"

2. 借助多方力量，与学生深入谈心

班主任将张峰的情况及时向校长室、政教处汇报，与法治副校长、年级分管领导、家长一起协同教育。自己首先找张峰谈心，听听他的陈述。

"张峰同学，说说你自己最近的表现吧，怎么样？"

"老师多次找你谈心，希望你能明规矩、懂道理，但是你基本上没有改变，已经影响到班级其他同学的学习，也影响了班风。"

"你很懂法，请你说说自己掌握了哪些法律常识？"

"根据《未成年人保护法》，学校不得违反法律和国家规定开除未成年学生。《义务教育法》保障每个适龄儿童都能受到均衡教育，由于调皮学生对课堂秩序的破坏，造成其他同学无法正常接受教育，那么学校应该维护绝大多数学生受教育的正当权利，而不是保护个别调皮学生破坏义务教育的权利。"

"现在我们一起来学习教育部颁布的《中小学教育惩戒规则（试行）》。"

"你觉得自己的表现应该受到什么样的惩戒？"

"父母是未成年子女的监护人，具有保护其人身权利、财产权利和其他权益的职责。因此，学校的意见是：让你爸爸带你回家，教你想清楚自己应该怎么做，不应该怎么做，然后再来学校上课。"

3. 召开主题班会

为引导全班学生养成良好的行为习惯，减少张峰违纪事件给班级带来的负面影响，班主任召开了以"千里之行，始于规范"为主题的班会课，主要环节设计如下。

◆ 第一个环节：知规范。

围绕《中学生日常行为规范守则》，组织学生开展知识问答比赛，强化学生对规范的认知。

◆ 第二个环节：析规范。

通过四幅漫画，引导学生讨论辨析规范的含义。

漫画1：课间之战。小明和几个同学争吵不已，谁也不让谁。

漫画2：溜之大吉。下午最后一节课，小明和小潘开始骚动不安起来，他俩伸展身子，挪动椅子，弯着腰，似乎想从教室后门一跃而出，试图逃避做值日。

漫画3：沉迷游戏。课间，教室的一个转角处，小明急切地拿出手机，玩起了游戏。

漫画4：迟到万岁。早自习已过了一半，小明才不紧不慢地来到教室门口。

组织学生讨论：漫画中这些同学的行为违反了条例中的哪些规范？如果让你去帮助他们克服不良习惯，你有何高招？讨论分小组进行，大家自由发言。

◆ 第三个环节：守规范。

组织各组代表开展"纪律是法宝"的演讲。

◆ 第四个环节：护规范。

提出班级倡议书，希望大家在校做遵守学校规范的学生，在家做遵守家庭规范的孩子，在社会上做遵守市民规范的小公民。

| 理论解读 |

首先，本案例运用了疏导原则。案例中的学生多次违反校规校纪，对班

主任的教育充耳不闻。无规矩不成方圆，班主任由此启动了惩戒教育。在与家长沟通中，班主任客观分析了学生的情况，以商量的口吻与家长共议教育方式，让家长感受到老师是在真心实意地帮助孩子，从而接受了学校的意见并积极配合。与学生交谈中，强化他对"法"的规则意识和敬畏意识，促使其明辨是非、行为有度；更让他明白，每个学生都要对自己的行为负责。在本案例中，家长和教师目标一致，达成教育共识，是落实惩戒教育的有利因素。

其次，运用了个别教育与集体教育相结合的原则。随着年龄的增长，独立意识增强，学生的日常行为中出现了我行我素的迹象。为了进一步培养学生良好的文明习惯，班主任在个别教育的基础上，也加强了集体教育。通过主题班会课，增强班级的凝聚力，引导学生把规范要求化为自己的自觉行动，争取做一个文明守纪、诚实守信、勤奋向上的学生。

29 学生在一名责任心很强的教师上课时故意捣乱

情境呈现

教英语的李老师向班主任反映,这个班里有几名学生上课故意捣乱,影响了大家的学习。班主任把那几个学生叫到办公室,经再三追问,他们才说出缘由:"我们不喜欢这个老师,她来上课,就故意和她对着干!"平心而论,李老师是一位很认真的教师,责任心强,对学生要求严格,一些脱口而出的话不是恶意讽刺和挖苦,更多的是一种"怒其不争"。但在学生看来,这却是对他们尊严的伤害,从而对老师产生反感,甚至以课堂上故意捣乱的方式来对抗。如果你是班主任,该怎么办?

(来源:第九届长三角地区中小学班主任基本功大赛高中组情境模拟题第12题)

表象透视

本案例中的师生矛盾,起因于教师在课堂上的教学语言。

问题诊断

一个班级,班主任通常处于中心地位,容易受到学生的关注和尊敬。相比之下,任课教师和学生的接触相对少一些,所以双方的感情也相对要"淡"一些。如果学生不喜欢某个任课教师,往往就会消极上课,甚至用一种极端的反抗方式来表达对老师的不满。同样地,如果任课教师对这个班级的学生很反感,就算他(或她)也想好好地教,但总会在有意无意中减少对这个班级的教学热情。

本案例中,学生与英语教师之间出现了冲突。教师对学生是"怒其不争",学生是不喜欢教师的教学方式,甚至有厌课情绪。如何消除学生对任课教师的抵触情绪,除了教育学生、做学生家长的工作外,任课教师自己也要反思,从"师道尊严"中走出来,尽量化解与学生的矛盾,拉近师生的心理距离。那么具体该怎么做?以下方法可供班主任借鉴。

应对策略

1. 与部分学生谈心

"老师想请你们讲一讲与英语教师李老师的关系。"

"同学们与李老师相处得不是很愉快,能不能找一找原因?"(自尊心受伤害)

"你们觉得李老师的哪些话伤害了同学们的自尊?"(批评言辞生硬)

"李老师为什么要'怒其不争'?"(教师的责任心)

"因为对老师有意见,上课就故意捣乱,以此对抗老师,这种做法对自己有没有好处?"

"遇到责任心强的老师,不是学生的幸运吗?"

"尊重他人,是一个人的基本素养。尊重老师,更是一个中学生应该具备的素养。"

"你们想一想,学生对老师有意见,怎么做才是理性的、智慧的?"

"每个老师上课,都有自己的教学风格,学生要主动适应。以后如果遇到这样的情况,你们应该知道怎么做了吧?"

2. 和任课教师交换意见

"李老师,谢谢您及时反映班级里的情况,我从学生那里也了解到了一些情况。确实如此,班级里几个学生上课故意捣乱,影响了您的教学。作为班主任,我是有责任的,非常抱歉。"

"您工作认真,责任心强,对学生要求严格。我相信,对此,学生是会明事理的。"

"针对我班实际情况和个别学生的表现，您能给我一些建议吗？"

"谢谢您！这些建议措施我会认真尝试的。"

"现在的高中生，个性都比较强，又很敏感，有时老师的要求严格了一些，他们会觉得伤了自尊，反而会引起逆反心理，这不利于和谐师生关系的建立。所以，我们做教师的还是要放下'居高临下'的姿态，用学生能接受的方法开导他们，平时多和学生交流。这样，师生关系会更融洽，相互之间也会更加宽容与体谅，而且还有利于促进学科教学。"

3. 召开主题班会

为了融洽学生与任课教师的关系，替双方搭建沟通交流的平台，班主任召开了一次"与任课教师面对面"的主题班会，主要环节设计如下。

◆ 第一个环节：猜一猜，他们是谁？

以微视频形式呈现每位任课教师的主要特征和特长，引导学生根据老师的特征（有些是生活场景、有些是特长爱好、有些是个人性格），猜一猜他们是哪位任课教师。在寓教于乐的氛围中，不仅让学生进一步了解了任课教师，也拉近了师生关系。

◆ 第二个环节：聊一聊，我眼中的他。

引导学生回忆自己与任课教师相处中的点点滴滴，挖掘每位任课教师的优点和长处，营造尊师重教的氛围。

◆ 第三个环节：演一演，我来当教师。

让学生在情景剧中扮演教师角色，引导他们换位思考，体验老师的爱与责任，通过进入彼此的心灵，促使师生互相理解。

◆ 第四个环节：说一说，我的心里话。

通过音频以及"写给孩子们的一封信"的方式，促使师生之间敞开心扉，互相说出心里话。在最感动的时刻，师生之间往日的误会也会烟消云散，师生的心走得更近了。

| 理论解读 |

在学生与任课教师发生矛盾的时候，班主任应当做好两边的工作，通过

协调让双方冰释前嫌。本案例首先采用了疏导原则，班主任教育学生时，不急于批评，而是引导他们找出自身问题所在；再根据事实，让学生说出解决的办法和今后发生类似事情时的应对措施。在学生面前，班主任树立和维护了任课教师的形象。与此同时，在与任课教师沟通中，认真听取意见，体现了自己的真诚，也交流了自己的思想，从而和任课教师达成共识。其次，采用了集体教育的原则，班主任通过召开主题班会，引导学生和任课教师沟通交流，以心换心，融洽了师生关系。以集体教育影响个人，再以个人影响集体，从而促进良好班风的形成与发展。

30 英语教师上课总是拖堂，学生意见很大

情境呈现

教英语的赵老师是一位非常有责任心的女教师，为了提高八（2）班学生的英语成绩，她全身心扑在教学上，每次上课都是"早去晚回"，布置作业也总是"听说读写"样样都有，连优秀生都要做1个小时。今天，一些学生趁英语教师在另一个班级上课，就去办公室向班主任王老师诉苦："赵老师每次来上课都要提前，还要拖堂，一节课前后用了很多时间，大家都没有课间休息，连上厕所都来不及。作业布置得太多，要花好多时间做。您能不能跟赵老师说说啊！"可班主任心里也很为难，之前已和赵老师多次交涉，但没有什么用。这下，该怎么办呢？

（来源：征集于初中班主任提供的案例）

表象透视

本案例的问题焦点，是英语教师提前上课和拖堂，影响了学生课间休息，源于学生与任课教师的关系没处理好，以及班主任与任课教师没有有效沟通。

问题诊断

学生每天在校学习，经常会遇到这样的情况：有的教师很早来到教室，提前开始讲课；有的教师下课铃响了还没讲完，于是便拖延一段时间。对于学生来说，课后10分钟是休息、放松活动和上厕所的时间。教师提早上课或者课后拖堂，会导致学生失去这些宝贵的时间。对于教师的这种行为，

学生内心都反感,但考虑到老师这么做的初衷还是为了大家的学习,所以这种反感情绪也没有表现出来。但本案例中的英语教师每次上课都是提前、拖堂,学生还是忍不住要抗议,于是就向班主任反映,并要求班主任协调处理。

对此,如果班主任一味地站在教师的立场上说话,不仅不利于问题的解决,而且会使师生矛盾激化;反过来,如果班主任只为学生讲话,那就可能会失去任课教师对自己工作的支持。面对这种两难处境,班主任到底该怎么办呢?

应对策略

1. 安抚学生情绪

学生对英语教师的意见是可以理解的,班主任之前也与赵老师沟通过,但没几天就故态复萌。想了想,班主任还是觉得先安抚学生情绪,从长计议。

"同学们,你们的心情我能理解。从学生角度看,下课时间是由各人自由支配的,大家可以根据自己的需要去做自己想做的事,比如上厕所、放松身体、准备下节课的学习等。由于老师上课拖堂,同学们自由支配的时间就少了,甚至没有了。确实,这种时间被挤压的紧张感会增加学习压力。"(共情)

"对这件事,我们不妨一分为二地来看待。从教师的角度看,我们要理解赵老师的出发点是好的,就是为了让大家多学一点,提高教学效果。明年,同学们将面临中考,赵老师这样做,是希望让大家能掌握更多的知识,打下扎实的基础。"(引导)

"同学们的要求,我会再向赵老师反映的。除了我与她沟通,还有没有更好的解决问题的办法?请大家想一想。"

2. 引导学生用笔说话

如何慎重地表达对任课教师的意见,班主任可以引导学生用笔说话。一来，可以避免直接言说时双方的尴尬；二来，可以让学生练练笔头，用书面语阐述自己的感受和想法。于是，在班主任的启发下，英语课代表代表全班同学给赵老师写了一封信。

信的内容大致分为两方面。一方面，抒发了对老师的感激之情："您对教学和学生的认真态度使我们深受感动，您的每一次讲解都让我们茅塞顿开。在您的教导下，同学们的英语水平明显提高。课堂上，您不知疲倦、滔滔不绝、全神贯注，令我们佩服。请允许我代表全班同学向您表达感谢，请接受我们最真诚的谢意。"另一方面，转达了学生的心声："一天好几节课听下来，同学们的大脑处于疲劳状态。提高每一节课的学习效率，课间休息时间要用好。为此，我们向您提一点建议：上课尽量不要提早，下课也不要拖堂。不要拖堂的原因有两个：第一，下课铃响后，教室外边充满走动声、喧哗声，想听的同学不容易集中精力，也不容易听清楚；不想听的同学没心思继续听，他们的心早飞到了窗外。第二，下课铃响后，同学们都想走出教室，有的想上厕所，有的想休息一下。因此，希望老师尽量满足同学们的这点请求。不管怎样，您永远是我们崇敬的英语老师！"

英语课代表在交班级作业时，可以把这封信夹在自己的作业本里。

3. 与赵老师再沟通

对教师来说，本着负责任的态度教学才会拖堂。对学生来说，课间时间很宝贵，要求课间得到保证也合情合理。班主任能做的，就是主动协调好任课教师与学生的关系。

"赵老师，英语课代表给您写了一封信，您也知道了学生的诉求，我想听听您对这个问题的想法。"（倾听）

"您的一些做法，我也非常理解。其实，很多时候做老师的心里也很矛盾，明明知道拖堂不好，还是要拖。因为听到下课铃声响时，我们首先想到的是这节课的教学任务有没有完成，担心有些知识没有讲透彻，有些问题没有说清楚，还生怕学生没有记住。因为不放心，所以有时候要再多讲一些，这也可以看作是做老师的对学生负责任的一种表现。"（共情、同理心）

"但是，从学生角度说，老师拖堂，侵占了他们的休息时间，也影响了下一节课教师的教学，还造成了老师自身'不守时，不守规'的影响。这样，教师的形象在学生心目中会大打折扣，真是得不偿失啊！因此，学生提出的建议是合情合理的，我们做老师的要关注他们的需求。国家卫生健康委、教育部等六部门印发的关于儿童青少年肥胖防控实施方案的通知中，也明确指出教师不得'拖堂'或提前上课，以保证学生课间休息并进行适当身体活动，减少静态行为。所以，我们做教师的一定要从自身做起，'守时、守规'，给学生做榜样，让我们共勉！"（引导）

应该相信，经过这样的沟通，赵老师一定会有所触动，日后的"拖堂"现象也一定会有所改观。

理论解读

首先，运用了共情原理。班主任能站在学生的立场考虑问题，做到"感同身受"。在安抚学生情绪时，说出了教师"拖堂"对学生造成不利影响的话，使学生感受到老师的体贴和善解人意，也给了学生一个宣泄情感和释放紧张与压力的机会。同时，班主任积极引导学生换位思考，站在英语教师的立场思考问题，这样就容易化解师生矛盾。在与英语教师沟通时，班主任通过倾听了解任课教师内心的真实想法，并站在教师的角度进行思考，理解老师这样做的初衷，由此与任课教师建立起信任关系，有利于问题的最终解决。

其次，运用了有效沟通策略。本案例中，无论是面对面的沟通，还是书面的沟通，都要讲究艺术性。班主任为避免面对面沟通时会出现一言不合谈崩了的尴尬场面，就建议学生采用书面方式与英语教师进行交流。学生用充满真情实感的文字，既抒发了对任课教师的崇敬之情，也坦诚委婉地提出了自己的要求。这样的沟通，准确传递了内心的想法，还有效化解了师生间的矛盾。此外，班主任诚恳地与任课教师进行交流，强调了"拖堂"的后果：不仅影响学生的休息，同时还影响别的老师上课，还提到了相关文件的规定。这样的沟通处理，情理交融，有利于问题的解决。

第六辑

班级管理问题——注重晓之以理

一个班级,几十名学生性格各异,每天出现的情况也是形式不一。如何积极应对学生中出现的问题,妥善处理各种矛盾,对班主任的班级管理能力是一种考验与检测。尽管教无定法,但基本的一条是教育学生必须晓之以理,而且不能强词夺理,这就需要每个教师凭借自己的实践智慧了。

31 班主任自费发奖品给部分学生，被其他学生误会

情境呈现

期中考试结束后，班主任李老师自掏腰包，给本班成绩名列前十名的学生每人奖了一杯奶茶。对此，大部分学生鼓掌叫好，谁料小明突然发出"不和谐"的声音："切，那还不是用班费来收买人心。像我们这样成绩不好的，以后就不要交班会费了，反正啥也得不到。"这时，现场一片尴尬。如果你是班主任，会怎么做？

（来源：第九届长三角地区班主任基本功大赛小学组决赛情境模拟题第14题）

表象透视

本案例的问题，看起来是班主任的行为被个别学生误会了，对老师这种奖励方式表示不满，但深一步思考，是班级的激励机制不够完善的问题。

问题诊断

在班级里建立激励机制，就是要通过需要的满足，解决学生行为的心理动力问题，最大限度地调动学生的学习积极性。传统的激励模式，往往是由班主任决定如何奖励的，对学生是单向而行的，其结果是受奖励的对象少，造成多数学生处于被动地位，因而积极性不高，也影响了班级的凝聚力。本案例中，班主任奖励考试成绩前十名的学生，小明觉得老师关注的是那些学优生，而大部分同学只能"望奖兴叹"，内心失落。同时，由于班级还没有建立正式的奖励制度，小明还误以为老师动用了班会费，所以内心很是不

满，于是说出了这样的话。

班级管理中如何用好激励措施，关系到其行为效果。作为班主任，应该通过建立一种有效的活动激励机制，以激发学生的参与动机，促使全班每个人产生积极向上的心理状态，进而积极投入班级开展的活动。

应对策略

1. 及时反思，迅速回应

小明不经意间说的一句话，虽然是一个小细节，但却在班主任李老师心里掀起了不小的波澜，就像打翻了五味瓶一样，很不是滋味。为此，班主任及时反思：学生需要怎样的奖励，学习成绩不好难道就没有得到奖励的机会吗？虽然还有很多疑问，但有一点深信不疑：要做好班级管理工作，首要的问题是班主任要全面了解学生。于是，班主任迅速地做出了如下反应。

2. 抓住契机，因势利导

"同学们，老师现在请这几位同学喝奶茶，大家是不是很羡慕啊？不过可以看得出来，也有同学对老师的这种奖励方式有不同意见。小明同学，能不能说说你的看法？"（预设：我不满意老师的做法，因为老师只奖励成绩好的同学，我就拿不到奖品。）

"你有什么好的建议吗？其他同学也可以发表自己的看法。"（预设：奖励不该只看成绩，还应看其他方面的表现，比如行为习惯、热爱劳动、助人为乐等。）

"小明说到的几种得奖途径，很有道理，老师也都认同。其他同学还有什么好建议吗？"

在全班学生你一言我一语中，班主任了解了学生内心深处的真实想法，为以后的工作打下了基础。

3. 澄清事实，消除误解

"刚才同学们提了不少很好的建议，集中到一点，那就是奖励不能局限在成绩优良一个方面，要同时考虑成绩有进步的同学，行为表现良好的同学。至于这次奖励的奶茶，是老师自掏腰包的，没有动用班会费。我班的班会费是由专人负责的，支出都有明细记录，班委会将及时向大家公示。"

4. 召开班会，完善制度

为了建立班级的奖励制度，班主任有必要召开一次主题班会，组织开展"我为班级献良策——同学最喜爱的奖励方法是什么"金点子征集活动，主要环节设计如下。

◆ 第一个环节：说一说，班级可以设置哪些奖项。

引导学生说出自己心里向往的奖励项目，满足学生的内心需求。几番讨论之后，形成班级的激励选项：爱劳动奖、礼仪奖、作业进步奖、纪律进步奖、成绩提高奖、勤奋奖、爱心奖等。

◆ 第二个环节：聊一聊，你最喜欢的奖品是什么。

创设这个问题情境，是为了满足学生的渴望，让学生体验成就感。最后，根据学生的反馈，总结出奖励形式：发喜报、发学习用品、发喜欢的零食，以及和老师一起吃午餐等。

◆ 第三个环节：议一议，制定怎样的评比制度。

评比制度由学生民主讨论产生，做到公平公正、方式多样，人人有机会凭借自己的努力得到奖励，最后形成文字张贴在教室里。另外，班会费使用透明化，以表格形式定期公示，做到一目了然。

◆ 第四个环节：写一写，为自己确立一个奋斗小目标。

引导学生结合个人实际，确定自己有能力达到的近期目标或学期目标，在学习过程中努力朝着这个目标奋进。学期结束时，以"星光闪烁"为主题开展班会活动，组织学生说一说这学期来的收获和感受，以及由此产生的改变。

后续工作：定期找小明聊天，关注小明在行为规范及学习态度上的变化，及时给予肯定和帮助。

| 理论解读 |

人们常说"好孩子是夸出来的"，可见激励因素在一个人的成长过程中

是不可或缺的。激励，能使人始终处于一种兴奋状态，从而引发积极行为，努力实现既定的目标。班级管理中，如何有效运用激励手段，激发学生的活动动机，使之产生积极向上的心理状态，进而产生积极的行为活动，是班主任的一项重要基本功。关于奖励，不同的班级可以有不同的做法，但其目的只有一个，就是要想办法满足学生的心理需求，促进学生的发展进步。

本案例运用因势利导原则，是由于小明不经意间的一句话，引起班主任反思，并及时出色地做出反应。通过班会课，发挥学生班级主人翁的作用，完善班级的激励机制，做出合理的决定。这样既充分尊重学生，又能培养学生自主、自治、自理能力，并引导学生朝着自己预设的目标努力。

任何一种奖励手段，都不可能是十全十美的。一种奖励手段的优势，很可能会变成它的劣势。所以，在利用奖励机制时，班主任要注意调整、更新具体的方法。正如"教"是为了"不教"一样，"奖"在某种意义上也是为了"不奖"。"不奖"，就是"奖"的最终目的。

32 学生重视文化课学习，不愿意参加文体活动

情境呈现

某老师在初一第二学期开始接手一个新班，两个月下来，发现这个班学生对文化课学习很重视，对文体活动不太感兴趣。该老师对学校举行的春季运动会尽管做了动员，也没几个学生报名。学校举办的歌咏比赛、跳绳比赛，学生的表现也不够积极主动。如果你是班主任，该怎么做？

（来源：第九届长三角地区中小学班主任基本功大赛初中组情境模拟题第6题）

表象透视

本案例从表象来看，是学生对班级组织的活动参与不积极，其实质还是管理上存在问题。

问题诊断

人作为社会性动物，一般都喜欢参与群体活动。本案例中，班主任接手新班级两个月下来，发现学生除了文化课学习，都不喜欢参与其他班级活动。学生不喜欢文体活动，一定有原因。主要原因恐怕是学习成绩至上心理的驱使，担心参加其他活动会耽误学习，影响成绩。也有可能是对新班主任不适应，或者还有别的原因。对此，班主任应该摸清学生内心的想法，查找问题背后的真实原因，及时调整措施，对症下药。

应对策略

1. 全面了解情况

班主任可以就过去班级活动的开展情况与学生的积极性、哪些学生在文体方面表现比较好并获得过哪些集体荣誉或个人荣誉等问题，向前任班主任详细了解有关情况，从而掌握本班学生的兴趣爱好和特长天赋。如果学生过去在班级活动中表现得都很积极，那就意味着换了班主任后他们还没有适应。这就需要新班主任加快与学生建立良好的师生关系，以充分调动学生的积极性。如果班级原来就是这样的状态，那么班主任更有必要进一步找出问题的根源。

2. 召开班干部会议

要想了解学生，走进学生的内心，把握学生的思想脉搏，全面摸清学生的所思所想，班主任有必要及时召开班干部会议。

"班干部是班级的核心力量，是班主任的得力助手。一个班级的工作能否顺利开展，能否成为奋发向上、团结友爱的集体，在相当大的程度上取决于班干部的工作作风、工作能力，取决于他们模范带头作用的发挥。为此，老师希望你们能认真履职、带头示范、乐于奉献，在工作岗位上锻炼、提高能力，赢得同学们的尊重和信任，为班级的和谐稳定做出自己的贡献。"

"今天的会议，将探讨几个问题：（1）目前，同学们对各类文体活动积极性不高的原因是什么？（2）如何调动同学们参与活动的积极性，使班集体焕发生命的活力？（3）你能为班级开展活动出谋划策吗？"

"俗话说，人心齐、泰山移，希望大家畅所欲言。"

在班主任的引导下，班委会成员纷纷表达了自己的看法与想法，还分析了同学们的思想状态，这使班主任对全班学生有了更全面、更深入的了解。由此总结出学生不愿参加文体活动的三方面的原因。

第一，学生面临着大量的学习任务，担心参加文体活动要花很多时间，会影响考试成绩。

第二，在各类活动方面，家长没有给孩子应有的引导，致使孩子也没有选择的习惯。

第三，学校举办的各类文体活动项目有局限性，总是集中在有特长的学生身上，想参加的人因为缺乏特长，未能参加。久而久之，他们就觉得学校的活动和自己没有关系。

3. 召开主题班会

为了增加班级的凝聚力，有必要以"我为集体添光彩"为主题，召开班会课，进行一次集体主义教育，主要环节设计如下。

◆ 第一个环节：忆生活，谈感悟。

用照片制成短视频，循环播放学生进入初中后的点点滴滴，引导学生回味集体生活中的快乐时光，激发对自己班级的归属感和自豪感。

◆ 第二个环节：微辩论，明是非。

以漫画形式呈现班级中的真实现象，创设包含两难的问题情境，如"我想参加运动会，但是我没有体育特长""我想参加合唱排练，可是数学题目还没有弄懂""我想参加班级活动，可是妈妈不太支持"等，引导学生深入剖析，同时恰如其分地进行正面引导。

◆ 第三个环节：献良策，添光彩。

以"我们需要怎样的班级活动——班级创意活动小妙招"为题，引导学生以小组形式开展讨论，最后集中交流，归纳提炼。

班主任总结：一个班级如果不开展或很少开展活动，是永远也不可能成为一个真正的集体的。健康有益的班级活动，有助于形成正确的集体舆论和良好的班风。全班同学只要心往一处想，劲往一处使，我们这个班级就一定会蒸蒸日上。

后续拓展：班主任根据班情，组织开展丰富多彩的集体活动，引导学生在活动中寻找快乐，获得知识，提高各方面的能力。

4. 加强家校联系

针对学生反映的"家长不太支持孩子参加文体活动"这一问题，班主任有必要与相关家长进行交流，向家长讲明道理："学校活动是培养学生综合素质的一条重要途径，家庭也要重视。知识的学习并非只能在课堂上进行，孩子参加一些活动可能会获得课堂上学不到的东西，这是非常难得的。当然，参加活动会占用一些学习时间，甚至会让孩子分心，但'利'总是大于'弊'，家长应该支持孩子参加各类活动。"

在沟通过程中，班主任可以列举一些活动的价值和意义，以影响家长，使家长支持孩子参加活动。

理论解读

首先，运用了调查法。顺利地做好班级管理的前提，是全面了解学生。本案例中，班主任针对接班两个月来发现的问题，率先进行调查研究。通过与前任班主任交谈、召开班干部会议等途径，对全班进行摸底，深入具体地了解学生的整体情况，了解学生的个性特长、兴趣爱好、活动能力、学习态度等。只有全面了解学生，关注学生的思想动态，才能对症下药，采取有效的教育措施，做好班级的管理工作。

其次，运用了集体教育原则。基于班级学生都不愿意参加文体活动，班主任组织主题班会，通过学生讨论、教师说理等途径，营造正确的舆论导向，启发引导学生，从而提高学生的思想觉悟。

最后，践行了家校协同育人理念。家校协同的关键在于家长与学校相互理解、尊重和沟通。本案例的问题聚焦点是"学生不愿意参加文体活动"，其中不排除家长不支持这个原因。针对这个问题，班主任及时与家长沟通，说明道理，引导家长转变观念，形成合力，使得教育达到事半功倍的效果。

33 班级图书角建成后好景不长，连管理员也不愿意当了

情境呈现

初一（3）班开展营建书香班级活动，在组建图书角的过程中，一部分学生非常积极，为图书角捐了图书，甚至还捐了小书架，但是图书角开放不久，图书破损和丢失现象就比较严重。担任图书管理员的学生小红找到班主任，说同学们都不听她的，她管不了，不想当管理员了。你如果是班主任，该怎么应对？

（来源：第九届长三角地区中小学班主任基本功大赛初中组情境模拟题第7题）

表象透视

本案例中，图书管理员辞职的原因是干不了，而问题的本质还是要从班级管理上溯源。

问题诊断

建立班级图书角，旨在激发学生积极读书，主动参与课外阅读，让图书成为学生的良师益友，为创建书香班级奠定基础。从现象看，学生一开始都很积极参与捐书活动，这反映了这个班级的学生是有荣誉感的，并且乐意为班级做奉献。但随着时间的推移，图书角的管理出现了问题，图书破损和丢失现象比较严重，学生也不听从管理。于是，图书管理员向班主任提出辞职。由此不难看出，问题的实质是图书角建起来后，没有与之相配套的管理

制度，如登记造册、凭借书卡借阅等，以至于出现以上的问题。

问题来自学生，因此，班主任应引导学生自己想办法解决问题。班主任可以抓住这一教育契机，组织学生分析、讨论，寻找解决问题的方法，并因势利导，建立班级图书角的管理制度，以此培养学生的民主管理意识，同时也使班级图书角能更好地发挥作用。

| 应对策略 |

1. 安抚图书管理员

"小红，你是一个非常认真负责的图书管理员，你付出的努力老师看到了。"（肯定）

"你觉得自己没有做好，心里非常内疚，所以提出辞职，是吗？"

"这说明你的责任心很强，是想把事情做好，老师也理解你此刻的心情。"（共情）

"如果你辞职了，换个同学做图书管理员，那么现在的问题就能解决了吗？"（反思）

"一个人遇到困难时如果就想打退堂鼓，那只会使困难加重。相反，如果面对困难不退缩，想办法去解决，那么它或许会减轻。人生旅途上，难免会遇到各种各样的困难。面对困难，是想方设法战胜它，还是绕道走？作为勇敢者，应该选择前者。只有勇敢地战胜困难，我们的人生才有意义。在老师眼里，你是一个勇敢的、有责任心的好学生。"（引导）

"你现在遇到困难，说明老师的工作还有疏忽的地方。现在，我们一起来想办法，制定一些制度，把图书角的管理工作做好，怎么样？"

2. 召开主题班会

为了培养学生的主人翁精神，激发全班的集体荣誉感，班主任有必要以"爱图书，共成长"为主题，组织召开一次班会课，主要环节设计如下。

◆ 第一个环节：照片呈现，感受书香气息。

展示图书角建立之初，全班学生热情捐书的场景，以及图书角整齐划一的样子。在舒缓的音乐声中，让学生争相说说班级图书角的好处，以此激发学生参与阅读的积极性。

◆ 第二个环节：内心独白——图书的心声。

播放录制的音频，让学生以图书的身份讲述从家庭到教室的激动心情，以及被人借阅后的自豪感。然后，就有人不爱惜、随手扔，导致书本伤残，诉说内心的痛苦。引导学生进行反思，从而认识自己在哪些方面做得不好，班级在图书管理上存在哪些方面的漏洞。

◆ 第三个环节：人人献计，办好图书角。

围绕图书如何借阅、是否需要借书卡、图书管理得有哪些制度等问题，组织学生充分开展小组讨论。这是这节课的重要环节，班主任一定要给足时间。

◆ 第四个环节：总结提炼，健全管理制度。

各小组代表交流图书借阅制度的要点，展示设计好的借书卡。然后，班主任引导全班学生进行评议、投票，评出最完善的图书借阅制度和设计得最好的借书卡。制度内容包括图书馆员的职责、借阅规则。通过这样的充分讨论，激发了学生的主人翁意识，增强了民主意识和责任意识。

后续拓展：班级定期开展"读书小博士"评选活动，对认真读书并有所收获的学生予以奖励；管理员每月统计借书情况，作为评选月度"阅读之星"的依据。

3. 和图书管理员再谈心

主题班会之后，全班学生的规则意识增强了，图书管理员的思想包袱也可以放下了。于是，班主任再找她谈心，帮助她解开思想疙瘩，用鼓励她、信任她的话语，唤起她的自信心。

"小红，最近几天同学们借阅图书的情况如何？"

"嗯，我也看到同学们都能遵守借书规则，看到你还不时提醒同学要注意'轻拿轻放'，这让我更是看到了一个战胜困难后的自信、负责任的好学生！"

"其实，困难并不可怕，因为有大家在帮助你战胜困难。老师相信你的图书管理员工作一定会做得越来越出色，为打造书香班级贡献一份力量。"

理论解读

首先，运用"同理心"原理。班主任能理解他人的情绪，体谅他人的处境。在和小红谈心时，首先站在她的角度，感受到其无奈的情绪，并从班主任工作的角度，进行自我反思，真诚地说出自己的疏忽和不足。这样的交流，拉近了师生的心理距离，也缓解了小红的情绪。

其次，运用集体教育的原则。班级管理中的事，不能由个人决定，但班主任可以运用集体的教育力量去影响学生。本案例中，问题的根源是班级缺乏管理制度，而制度制定与执行的主体是学生。于是，班主任通过召开主题班会课，提出问题、讨论问题、解决问题，最后形成班级图书角的管理制度。在这个过程中，班主任让学生经历了一个探索的过程，既培养了学生的组织管理能力，又促使学生自觉遵守图书管理制度，取得了自我教育、自我管理的效果。

最后，运用疏导原则。班主任两次与小红谈心，不仅晓之以理、循循善诱，更是予以充分的肯定、信任和鼓励。这样的推心置腹，师生关系融洽，成为促使学生前进的动力，谈心取得了理想的效果。

34 一学习优秀又是文体积极分子的女生，不愿意参加卫生劳动

情境呈现

小红是这学期刚转到八年级（1）班的一名女生，她学习成绩优秀，又是各项文体活动的积极分子，还在学校举办的硬笔书法比赛中获得一等奖。但是，她对值日生工作不积极，擦黑板、扫地等几乎所有卫生劳动都不愿参加。班长找她谈话，她一点也不友好，只说"我忘记了"，便没有下文。劳动委员与她谈话，她说："在家里妈妈都舍不得我劳动，学校凭什么让我做这些？"如果你是班主任，你会怎么做？

（来源：第九届长三角地区中小学班主任基本功大赛初中组情境模拟题第14题）

表象透视

本案例中的问题，是由于个别学生缺乏应有的责任心，使班级卫生工作不能正常开展，而矛盾焦点还聚集在管理上。

问题诊断

一个班级里，很多日常工作需要专人去做。当这些工作以制度形式固定下来后，便有了"值日生"这个概念。值日，作为学生体验为班级劳动的一种岗位，旨在通过打造良好的学习环境，培养学生的责任感。本案例中，小红是一名转校生，虽然她在学习等方面表现不错，但就是不愿意参加班级的卫生劳动。分析其原因：一是家长宠爱，在家没有养成劳动习惯；二是对值

日劳动的认知有偏差，责任意识缺乏。

为促使小红能认识与解决自身的问题，班主任应积极引导，同时主动联系家长，帮助家长转变教育观念，提高家庭教育水平。

应对策略

1. 个别谈心

"小红，转入新的学校以来，适应新环境了吗？"

"你学习成绩优秀，乐于参加学校各项文体活动，还有才艺特长。这些，老师很欣赏，同学们也都很羡慕，你是大家学习的榜样。"

"但是，劳动委员最近反映，你总是忘记做值日生工作，有这种情况吗？"

"老师也知道，你在家里是不做家务的，那也许是父母爱护你。但是在学校里，情况就不一样了。这里每个同学都是班级的主人，都应该积极参与班级的各项工作，因为这是每个学生的义务和责任。"

"你说说看，自己对做值日生工作有什么顾虑或者困难？"

"如果你有'不想做，不愿做'的想法，那会给自己带来什么影响，你想过吗？"

"自我为中心、没有责任心、没有集体观念……这些，是老师不希望看到的。"

"老师希望你在同学们眼中是一个有良好的思想道德品质，有集体荣誉感和工作责任心，关心集体、友爱同学，德智体美劳全面发展的中学生。老师相信，也期待着，你一定能做到！"

2. 家校沟通

小红不爱劳动，问题根源在家庭。所以，班主任有必要主动与家长联系，了解学生的家庭情况，指出家庭教育中的误区，与家长一起同心协力，共同做好学生的教育工作。

"小红家长，您好！我想了解一些孩子在家的学习生活情况。"

"小红转来我班半学期,学习非常用功,成绩优秀,还积极参加文体活动,在学校的硬笔书法比赛中获得了一等奖。班级里有这样一个学习好,又多才多艺的学生,我真的很高兴。"

"小红在家学习自觉吗?自理能力又如何?"

"孩子正在长大,如果不会做基本的家务,那么以后很难适应新的环境。因此家庭需要给孩子提供机会,培养其生活技能。爱孩子是父母的天性,但父母的爱也需要讲智慧。"

"现在,小红其他各方面表现都好,就是在学校里不愿意做值日,还理直气壮地对人说,'在家里妈妈舍不得我劳动',对于孩子的这种行为,你们如何看待?"

"对孩子的所有事情,如果家长都大包大揽,长此以往,孩子会越发觉得家务劳动应该是父母做,自己不做家务理所当然,那么长大以后,孩子就算再聪明,也只能成为无益于社会的'巨婴'。你们看,那是爱孩子还是害孩子?"

"适当地让孩子做家务,对孩子未来的发展有相当大的帮助。家长真爱孩子,一定要舍得让孩子做家务。小红同学如果在劳动方面有明显进步,那么她就是一名德智体美劳全面发展的好学生了。希望家长能与学校齐心合力,放手让孩子做力所能及的家务,以此培养孩子的劳动技能。在这个过程中,家长要给孩子多一些鼓励和包容,帮助孩子增强劳动意识,培养负责精神。"

3. 组织召开主题班会课

为了引导每个学生都能为建设一个良好的班集体而承担责任,班主任可以基于班级管理中存在的问题,组织召开一次"集体因我而精彩"的主题班会,主要环节设计如下。

◆ 第一个环节:在感知中发现"我"自己。

播放视频《共同走过的日子》,内容主要是学生在校学习生活的快乐时光,以激发学生对集体生活的热爱之情。设问:面对一个美好的班级,我们每个小小的"我"怎样来经营?

◆ 第二个环节:在体验中了解"我"自己。

首先,引导学生聆听《丘吉尔和弗莱明的故事》。故事告诉人们:很多时候，拯救别人就是拯救自己。由此启示学生：在班级里，帮助别人就是帮助自己；参与班级工作，是"我"的责任。其次，以漫画形式呈现班级中的问题。如教室里植物角的花枯萎了，无人问津；图书角的书破损了，没人理睬；值日生工作忘了做，人去楼空，教室里的灯还亮着。组织学生小组讨论，每人发表自己的看法与建议。归纳总结：人人都应该对班级负责任，认真做好"我"的岗位工作，不做有损于集体利益的事。

◆ 第三个环节：在行动中亮出"我"自己。

首先，让学生夸夸身边的好榜样，感受很多同学为班级所做的贡献。同时，也让那些被夸的学生体会到做好岗位工作的骄傲。其次，开展"我为集体献金点子"活动，通过人人出点子，寻找解决班级问题的好方法，进一步增强学生的责任意识及相关能力。

后续拓展：为发挥每个学生的特长，为每个学生扬长发展提供锻炼的舞台，班级将设置特殊岗位，开展相应的活动。

理论解读

首先，运用个别教育与集体教育相结合的原则。对班级管理来说，个别教育与集体教育犹如鸟之两翼、车之双轮，缺一不可。本案例中，班主任通过个别谈心，在肯定小红优点的同时，恰如其分地指出其存在的缺点，并给予积极期待。此外，又组织了主题班会课，营造良好的集体舆论。这不仅增强了学生的集体意识和班级凝聚力，而且让学生获得了班级主人的体验，从而激发学生主动参与班级管理的积极性，让更多的学生在班集体建设中承担责任。

其次，运用家校协同育人的原则。解铃还须系铃人，小红不爱劳动的习惯主要来自家庭的影响。因此，改变学生得先改变家长。本案例中，班主任本着尊重、平等理念，与家长坦诚交流。通过倾听，了解家长教育孩子的方式；通过引导，帮助家长认识孩子不做家务的危害性。作为班主任，利用自己对学生的观察与了解，以及掌握的教育理念、教育方法指导家长，这样的家校沟通是顺畅的，容易形成教育合力，实现家校协同育人。

35 一学生因助力他班而使本班荣誉受损，因此被同学质疑

情境呈现

高一（1）班学生小李自幼练习书法，能写一手好字。恰逢学校举行班级文化布置大赛，同学们让小李写了几幅字挂在教室墙上。教数学的王老师是高一（2）班班主任，觉得小李写得很不错，也请他为自己班级写几幅，小李答应了。评比结果，（1）班以0.5分之差输给了（2）班，与冠军失之交臂。部分学生认为都是因为小李的字，才让（2）班获胜，以致指责小李是班级的"叛徒"。小李一怒之下，把教室墙上的字全部撕碎。由于写字用的笔墨纸砚和装裱都是班会费支付的，立刻有人指责小李破坏公物。闻声而来的班主任看到这一幕后，该如何处置？

（来源：第九届长三角地区中小学班主任基本功大赛高中组情境模拟题第5题）

表象透视

本案例中的学生之间的矛盾冲突，是由集体荣誉感引起的。实际上，问题的产生还是与班级管理有关。

问题诊断

案例表明，这个班级的学生有很强的集体荣誉感，以至于部分学生将评比失利的原因，归结为小李给其他班写的字，认为他集体荣誉感不强，进而斥之为"叛徒"。而小李心里觉得很委屈，自己应邀为别的班级写字，是乐

于助人的行为，难道有错？那"叛徒"二字更伤害了他的自尊心，于是一怒之下，他便把墙上的字全部撕碎了。殊不知，小李的行为非但没有阻止同学们的批评，反而更加剧了对他的不满，指责他"破坏公物"。可以想象，这样一来，生生之间的矛盾会不断升级。

应对策略

1. 平息风波，延后处理

面对当时这个情景，班主任要控制好自己的情绪，轻轻地说一声："这字扔在地上太可惜了，还会影响班级的卫生。"边说边弯腰捡起地上那些已被撕碎的纸片，同时示意学生冷静下来，理性地看待这件事情。

2. 找部分学生谈话

"同学们，老师为你们有强烈的集体荣誉感点赞。集体荣誉感是一种热爱集体、关心集体，自觉地为集体尽义务、做贡献、争荣誉的道德情感。有了集体荣誉感，才会有强烈的责任心，才能维护好班级的尊严。"

"如果你是小李，教数学的王老师请你去为他的班级写字，你乐意吗？"

"大家再想一想，小李同学到底该不该去帮助兄弟班级写字？说出你的理由。"

"当维护集体荣誉与助人为乐发生矛盾时，我们该怎么做？"

通过层层设问，引导学生换位思考，进行理性辨析。当学生中出现不同的价值取向时，班主任要因势利导，启发学生面对冲突要理性对待，要树立正确的荣誉感，体悟到乐于助人比获得冠军更有价值。

学生的思想认识有进一步提高后，他们就觉得自己这样对待小李是不妥的。于是，班主任可以跟进指出，同学之间沟通，要学会好好说话，不能用人家不能接受的话语，去批评指责对方。

3. 安抚小李情绪，予以正面引导

"小李，你感到很委屈，是吗？"

"那么,你感到委屈的原因是什么呢?"

"你有没有后悔帮王老师的班级写字啊?"

在与学生对话中,班主任首先肯定了小李乐于助人的行为。然后,适时深入追问,进一步引发小李反思。

"你对撕下自己写的字,是怎么看的?"

"你觉得同学们骂你'叛徒',伤了你的自尊心,是吗?"

"如果你被同学们误解,除了撕下自己写的字,想一想还有没有比这个更好的应对方法?"

"你是一个聪明人,应该明白'忍一时风平浪静'的道理。"

"接下来,你该知道自己应该怎么做吧。"

班主任通过层层设问,引导小李自我反思,弄清楚自己哪种行为是好的,哪种做法是不对的;懂得处理同学之间的矛盾,单凭情绪是不能解决问题的,只会适得其反。

4. 召开班会,组织大讨论

为了进一步引导学生树立正确的集体荣誉感,班主任有必要组织一次全班大讨论。在班会课上,首先提出讨论的话题:当助人为乐与维护集体荣誉发生冲突时,我们该怎么做?然后,再用图片出示几个问题场景:

(1)学校运动会100米接力赛即将开始,兄弟班级的小黄同学因为运动鞋坏了无法参赛,于是问你借运动鞋,你是否愿意?

(2)上学路上,你遇到一位老人需要照顾,如果你答应的话,上课可能会迟到,对此你该不该帮忙?

(3)当你自己遇到困难时,是否想得到别人的帮助?

由此引发学生深入讨论,启发学生从日常小事谈起,营造正确的舆论导向。在畅所欲言中,激发学生的情感体验,产生思想共鸣。

▎理论解读▕

首先,班主任要控制好情绪,以静制动。当生生之间发生冲突时,不可因为事件突发而冲动、发脾气，而应坦然面对，静态处之。有时候，轻轻的一句话就可以缓解紧张的气氛，防止新问题的出现。

其次，找部分"问题学生"谈心。以启发式谈话，动之以情，晓之以理。班主任在肯定学生荣誉感强的基础上，引导他们换位思考，学会站在别人的角度思考问题，并通过对比、反思找到自己的不足。在与当事人小李谈心过程中，班主任运用提问诱导式，通过推心置腹、循循善诱，让学生体察到老师是真正了解自己的人，是能体会自己感受的人，从而增强师生之间的亲近感，提高了师生对话的有效性。

最后，采用舆论熏陶法。围绕集体荣誉感这个话题，召开主题班会课，创设各种教育情境，置疑设问，组织讨论，引导学生在反复体验中感悟、升华，促进学生形成良好的道德品质。

36 学校对垃圾分类有规范要求，学生为"避规"而走"旁门左道"

情境呈现

垃圾分类是当前学校的一项重要工作，班主任张老师无意中发现，本班学生在放学后把一天产生的垃圾全部带出教室，然后就扔在校外的垃圾桶内。对这一情况，张老师及时予以制止。但好多学生向老师这样解释：一是学校的垃圾分类要求太细，而且有很多变化，怕自己分不清；二是一旦扔错了垃圾要被扣分，会影响对班级的考核；三是出了校门，就与学校无关了，自己也没负担。真是一举三得！如果你是班主任，将怎么处理这件事？

（来源：第九届长三角地区中小学班主任基本功大赛高中组情境模拟题第19题）

表象透视

本案例的问题，或许可以归结为学生对垃圾分类的认识不到位，但问题的背后，即班级管理是否存在盲区，需要深思。

问题诊断

"垃圾分类一小步，健康文明一大步。"在全社会越来越重视环保的大背景下，校园垃圾分类势在必行。垃圾分类启动以来，全市中小学开展了一系列形式多样的垃圾分类活动，垃圾分类意识深入学生心中。本案例中，学生对垃圾分类的知识掌握得不全面，湿垃圾、干垃圾分不清。为了不影响班级考核，就把一天内产生的垃圾全部扔在校外的垃圾桶。这种行为表明他们虽有集体荣誉感，但缺乏社会责任感。垃圾分类是公民的义务，班主任要引导学生对垃圾分类有科学的认识，学会正确分类垃圾，养成垃圾分类的习惯，增强公民意识，用实际行动来保护环境。

| 应对策略 |

1. 召开主题班会，营造良好舆论

为了纠正班级学生的错误做法，班主任可以"垃圾分类新时尚，争做环保小先锋"为题，组织召开一次班会，主要环节设计如下。

◆ 第一个环节：情境导入，引出主题。

播放视频：旅游胜地巴厘岛，潜水员在水下拍摄了一段令人窒息的视频——海水中满是垃圾，潜水员只能在飘浮的垃圾中穿行。立体的视频和生动的画面，让全班经受"美丽沙滩"与"垃圾海洋"的视觉冲击，意识到"生态灾难"正在毁坏我们的家园，为引发学生更深刻的思考做好铺垫。

◆ 第二个环节：趣味竞赛，学习知识。

接下来，通过垃圾分类知识的 PK 游戏，了解垃圾分类知识在班级学生中的普及程度，帮助学生巩固、拓展垃圾分类的知识，调动学生养成垃圾分类习惯的积极性。

◆ 第三个环节：分析现状，开展辩论。

组织学生针对垃圾分类的现状，以及面临的困难，一起围绕"班级里的垃圾可不可以扔到校外的垃圾桶"这个问题进行讨论。通过辩论，引导学生提高认识、增强责任，自觉自主地践行垃圾分类任务。

◆ 第四个环节：知行结合，低碳生活。

向学生介绍分类垃圾的再利用情况，让学生了解上海天马垃圾焚烧中心对生活垃圾和污泥协同焚烧处置的设计，以及由此带来的低碳生活价值——产出的蒸汽得到进一步利用，节约的土地资源也得到更好的利用。

2. 开展班级活动，促进自我管理

为推进垃圾分类，可以在班级中成立相应的管理组织，如垃圾分类知识宣传、垃圾分类创意设计、垃圾分类督察等小组；同时开展丰富多样的活动，如知识竞赛、小报评比、征文、创意设计等。通过普及生活垃圾分类知识，提高学生垃圾分类意识和分类的准确性，引导学生树立绿色低碳、健康生活的环保理念，进一步推进学生生活垃圾分类的自我管理。

3. 通过"小手拉大手"开展家校互动

推进垃圾分类工作，需要密切家校联系。为此，班主任可以"生活垃圾分类——小手拉大手，垃圾变成朋友——变废为宝"为题，开展亲子创意环保制作活动，引导学生和家长共同参与生活垃圾分类，养成垃圾分类习惯，从而为全社会形成"人人重视生活垃圾分类，人人学会生活垃圾分类"的良好风尚做贡献。

理论解读

习近平总书记指出："实行垃圾分类，关系广大人民群众生活环境，关系节约使用资源，也是社会文明水平的一个重要体现。"

据此，本案例首先采用了集体教育原则。集体教育在思想政治教育中起着重要作用，它是将集体价值和成员个体价值协调统一的重要途径，通过集体进行教育，以影响集体成员的身心发展。本案例中，组织开展主题班会，通过形式多样的活动，促进学生自我教育，引导学生明白对垃圾进行合理分类，也是为了有效利用，变废为宝，从而理解低碳生活对人类可持续发展具有重要意义。

其次，采用了教育影响的一致性和连续性相结合原则。做好垃圾分类，需要学校、家庭、社区各方面加以教育影响。作为学校，要做好垃圾分类的舆论宣传工作，让全体学生思想上有意识、行动上有共识。作为家庭，也要教育子女按照垃圾分类的要求和标准，自觉做好分类工作。本案例中，班主任通过组织开展亲子主题活动，引导学生和家长自觉自愿进行垃圾分类。

第七辑

学业指导问题——把握因人而异

学生的学习,自然要由每门课的任课教师把关,但班主任并非局外人。学习态度的端正、学习习惯的培养、学习方法的点拨、学习目标的确立,这些与学业有关的指导,都和班主任工作分不开。班级里每个学生的学习基础、学习能力各不相同,大多数班主任也不可能是"全科医生",但教育学生离不开学业指导,班主任最需要做的是因人而异。

37 学生做家庭作业"投机取巧",班主任该怎么办

> **情境呈现**
>
> 在通讯便捷的今天,人们能通过手机、电脑快速获取所需要的信息。五年级班主任王老师最近发现班级里有些学生家庭作业的质量提高很快,可是当堂作业的质量却不理想,其他学科的任课教师也有类似反映。进一步了解后发现,班级里学生普遍使用"作业帮""小猿搜题"等手机软件,做作业只要轻松一拍,就会出现答案。如果你是班主任,将怎样处理此事?
>
> (来源:第九届长三角地区中小学班主任基本功大赛小学组决赛情境模拟题第11题)

表象透视

本案例中,问题的焦点是部分学生使用手机软件做作业,这种"投机取巧"的现象反映了学生学习态度不端正,学习质量有问题。

问题诊断

技术是一把双刃剑,手机软件"作业帮""小猿搜题"既为家长和教师提供了教育便利,也难免给学生抄作业留下可乘之机。本案例中,一些学生两种作业的质量不一样,原因是他们做作业遇到难题时,不是自己先动脑筋,再向同学或老师请教,而是直接利用网络搜寻答案。何况,学生在家频繁使用电子产品便捷地做作业这种情况,并未引起家长的重视。

抄App上的答案与抄同桌作业,在本质上是一样的。作为班主任,应该

积极引导学生端正学习态度,帮助学生养成良好的学习习惯。

应对策略

1. 召开主题班会,营造正确舆论

由于使用"作业帮""小猿搜题"等做作业现象在班级里普遍存在,班主任应抓住契机进行针对性教育。为此,可以"今天,你诚信做作业了吗"为题,组织召开一次班会,主要环节设计如下。

◆ 第一个环节:讲读诚信故事,理解诚信内涵。

通过微视频讲读诚信小故事《曾子杀猪》《小珊迪的故事》《司马光诚对买马人》《宋庆龄信守承诺》,解读诚信的内涵。

小结:诚信即诚实守信,实事求是,做人、做事讲信用;诚信是为人之本、立业之本,是一个人的第二张身份证。

◆ 第二个环节:直面作业现象,了解真正原因。

首先以小品形式演绎学生小明在家做作业的情况,呈现其结果——因为经常用"作业帮""小猿搜题"做作业,学习的内容没有真正搞懂,考试成绩很不理想。然后,分组讨论,查找原因。通过分析,得出结论:基础差,作业不会做;态度差,不想动脑筋;自制能力差,还贪玩,来不及做完作业;作业量太多,做不了;从众心理作怪,看别人在抄,自己也就抄了。

◆ 第三个环节:展开微辩论,分析利弊关系。

围绕"用'作业帮''小猿搜题'做作业是利大还是弊大"这一话题,组织学生进行辩论。

小结:网络资源丰富,查询方便快捷,可以解决很多学习上的疑难问题。运用得当,是课堂学习的有益补充;但是经常使用作业软件也会产生依赖性,"搜作业"变成了纯粹的抄答案,不仅缺失诚信,而且不利于自己的学习和成长。

◆ 第四个环节:遇到具体问题,我们该怎么办?

围绕"有的题目实在不会做,怎么办""作业实在太多,怎么办"等问题,组织大家讨论,形成解决思路与具体方法。

小结：作业是帮助学生巩固课堂所学知识，以及学会应用知识的重要手段；更重要的是，教师可以通过作业发现学生学习中存在的问题，以便在后续教学中调整思路，有的放矢地帮学生解惑，助学生提高。如果遇到不会做的题，应该主动向老师说明，让老师了解自己的实际情况，以便于老师能重点讲解该题目；如果作业多，应该充分利用时间，抓紧做；最重要的，还是上课时认真听讲，真正理解所学知识，这样就能减少作业不会做情况的发生。

后续拓展：倡导学生签订远离手机软件"作业帮""小猿搜题"的协议书，告知学生签订协议书是一种自觉自愿的行为，愿者则签，由此引导学生主动学习、主动完成作业。

2. 联系家长，给予家教指导

针对部分学生作业中存在的问题，班主任应及时与家长取得联系，向家长客观、全面地反映学生作业方面存在的问题，阐述用手机拍照找答案所带来的弊端，通过交流达成共识。

"小明家长，最近孩子的家庭作业做得不错，可是当堂作业的质量却不高。据我了解，孩子一直在用手机软件'作业帮''小猿搜题'抄答案，这个情况您知道吗？"

"您了解孩子使用手机软件抄袭作业的真正原因吗？"

"对孩子的这种行为，您持什么态度呢？"

"家长要认识到，孩子用 App 抄作业成了习惯后的危害性。长此以往地利用'作业帮''小猿搜题'抄答案，且不说答案的正确率如何，碰到不会做的题目就查找现成的答案这种行为本身，就会让孩子越来越丧失主动思考的意识。因此，家长要引起重视，要找到孩子抄袭作业的真正原因，然后给予孩子更多的耐心引导。"

"2018 年，教育部、国家卫健委等 8 部委印发《综合防控儿童青少年近视实施方案》，提出'家长陪伴孩子时应尽量减少使用电子产品。有意识地控制孩子使用电子产品'。家长若想防范孩子使用 App 抄答案，最实际的做法是限制孩子使用手机的时间，让手机与作业严格分离。所以，我建议您与孩子好好商量,制定一份家庭使用手机的亲子契约,这有助于培养孩子的'契约精神',培养孩子诚实守信的品质。在这个过程中,家长要以身作则,给孩子做榜样,并督促孩子独立完成作业。"

3. 和任课教师一起反思,合理布置作业

针对不同学生的学习情况,班主任应该和任课教师协商,在作业上也遵照因材施教的原则,根据教学内容和学生实际分层次布置。对基础差的学生,可以规定哪些基本题必做,哪些题目可以选做。对学习态度差,不肯动脑筋的学生,要求尽量在学校完成作业。对自制能力差的学生,引导他们合理安排好学与玩的时间,要求先做作业后玩。如果学生反映作业过多,来不及做,班主任就要协调任课教师,控制作业的总量,以避免学生因来不及完成作业而抄袭。

理论解读

现在,学生手机里几乎都装有"作业帮""小猿搜题"等软件,部分学生把它们当成完成学习任务的工具,做题时不思考,直接据此抄答案。这就导致"平时家庭作业正确率高,一到考试就成绩差"这种怪象的出现。如今,这种现象已在不少学校普遍存在。

本案例首先运用集体教育原则,通过召开主题班会课,引导学生辨析抄袭作业现象的根源。通过辩论,引导学生认识到作业抄袭的危害性,树立诚信意识;教育学生从自己做起,养成知之为知之、不知为不知的求学做事的态度。

其次,运用家校协同育人原则。现实中,有些家长同意孩子使用"作业帮"等软件,因为它们帮助家长解决了辅导作业的难题。也有些家长不同意孩子使用"作业帮"等软件,但是孩子在偷偷地使用。无论哪一种情况,学生用"作业帮""小猿搜题"做作业,关键原因是自控力不强,家长监管又不到位。对此,班主任要与家长真诚沟通,分析问题根源,使家长明白不恰当地使用搜题软件的危害性,并提出相关建议。只有家校达成共识,形成教育合力,才能更好地解决这个问题。

38 作业经常不交的学生，质疑作业多、没意义，还举报别人抄袭

> **情境呈现**
>
> 初二学生小王经常不交作业。一天晚上，他发信息给班主任，举报班级里有同学抄袭作业，并表明自己正是因为不抄作业才未能及时完成。同时，他认为有些作业根本无意义，没必要做。收到小王的信息，如果你是班主任，该怎么办？
>
> 〔来源：第九届长三角地区中小学班主任基本功大赛初中组（备用）情境模拟题第1题〕

表象透视

本案例中的问题，涉及学生的学习行为以及个人诚信。实际上，反映了学生对作业价值意义的认识存在偏差，以及教师布置作业的合理性和家校沟通的缺失。

问题诊断

作为学生，不仅上课时要认真听讲，课后还要积极完成作业。尤其是在家里做作业时，少了老师的监督，也没有了同学的促进，更应表现出自觉性。若要认真完成家庭作业，就需具备一定的能力和耐心。但是在教学实际中，每个班级总有几个"作业困难大户"。他们要么是拖拉不做，要么是直接抄袭，更有甚者，干脆不交。本案例中，经常不做作业的小王居然向班主任举报班里同学抄袭作业，还认为自己正因为不抄作业才完不成作业，更认

为有些作业无意义。小王的行为，看起来似乎很有正义感、很诚实，但还是暴露出一些问题，即对作业的认知有偏差，而且他本人也没有养成良好的学习习惯。从另一个角度看，其中还存在着家校沟通不畅、教师布置家庭作业的合理性等问题。

| 应对策略 |

1. 及时沟通，正面积极引导

班主任看到这条信息之后，马上做出反应，当晚就直接与小王电话沟通。

"小王同学，你发的信息老师收到了。你能勇敢地指出班级中个别同学有抄作业的行为，说明你有正义感，也有是非观念，老师非常欣赏你！你还对老师说出自己不抄作业的真实想法，觉得有些作业无意义，这说明你很诚实。"

"其实，任课教师之所以给学生布置作业，是为了让大家抓住课后时间，及时检查学习的效果，巩固学习的成果，它有助于同学们将所学知识真正化为自己的东西。对这些，你能理解吗？"

"小王同学，你能不能采纳老师的建议，把手机交给父母，或者放在一边，尽可能地独立完成作业？当然，对一部分你认为没有意义的作业，可以选择性地不做，这样好吗？"

2. 个别谈心，尊重、信任、开导

第二天，班主任先找小王谈心。

"小王同学，你评价一下自己最近的学习情况。如果你觉得自己的学习状态比较好，那么你有哪些有效做法？如果觉得不太理想，那么原因又是什么？"

"你认为哪些作业有意义，哪些作业没有意义？帮助老师出谋划策，如何在保障学习质量的前提下，采取科学高效的作业方式？老师会根据同学们的实际情况，分层布置作业。"

然后，再同几个抄作业的学生谈心。

"小明、小强，你们最近在学习上有没有遇到困难？"（关心）

"如果有困难，可以找同学或老师。同学们会帮助你们，老师也一定会辅导你们。今后如果遇到不会做的题，别用抄写的办法去解决，那样做作业容易迷惑老师，结果是平时作业不错，到了考试就不行。"

"你们希望能得到哪个同学的帮助？接下来，我们一起策划在班级同学中建立结对互助小组的机制。"

3. 联系家长，商议教育策略

针对小王的特殊情况，班主任及时与家长取得联系，了解他在家的学习情况，并及时反馈在校表现，再与家长沟通协调教育方法，引导孩子健康成长。

"小王家长，您好！我想了解一下孩子在家的学习情况，现在方便吗？"

"小王同学有很多优点，也敢于指出班级中存在的问题，是一个诚实的学生，很有自己的想法。"

"但是，学生不做作业肯定不利于巩固所学知识，您说是吗？"

"现在小王经常不交作业，还认为有些作业根本无意义，没必要做。其实，十三四岁的孩子对待作业存在认知偏差，是常有的事。如果按照他的说法，会做的作业可以不做，而不会的作业又做不出，那样的话，不就是什么作业都可以不做了吗？"

"所以，我们要纠正孩子的认知偏差，还要给孩子创造一个良好的学习环境。家长对孩子的学习要加强督促，培养他按时完成作业的习惯。在此，建议家长为孩子定一个作业时间总量的规定，时间到了，就停止写作业，不要强迫孩子熬夜。"

4. 召开班会，营造良好班风

为了营造良好的学风和班风，班主任应抓住教育契机，召开一次"今天，你的作业认真做了吗"主题班会，主要环节设计如下。

◆ 第一个环节：说说做作业的目的。

组织学生交流，从中归纳提炼出做作业的目的：及时检查学习效果，加深对知识的理解和掌握，培养独立思考能力，为复习积累资料等。

◆ 第二个环节：展示优秀作业本。

利用实物投影仪，向全班展示优秀作业本，提示学生仔细观察这些作业好在哪里。然后，请有关同学介绍自己是如何完成作业的。

◆ 第三个环节：有话大家一起说。

创设问题情境：小明同学完不成作业，该怎么办？引导学生首先寻找小明完不成作业的真正原因，然后向他提出建议。

◆ 第四个环节：如何做好作业。

引导学生强化作业意识，通过建立结对子互助小组，帮助学习困难学生找到学习伙伴。同时制定班级的作业奖惩条例，内容包括：对认真完成作业的同学，将在学习园地里展示其作业本；作业未做好者，放学后留下补齐，请老师给予适当辅导，让这些学生在增加信心的同时，感受到教师的关爱和期望。

5. 因材施教，实施分层作业

学生之间的差异，是客观存在的。学习同一项内容，不同学生的学习速度和掌握知识的时间，以及所需要的帮助都是不同的。因此，教师要根据学生的实际水平布置作业，如可以采取分层作业法。对于班级中的优等生，可布置一些需要独立思考、发散求异的习题；对于平时作业有一定困难，经常要在别人帮助下才能完成的学生，可布置一些基础性习题；对于学习困难的学生，先要帮助他们确立正确的学习态度，掌握正确的学习方法，并持之以恒地进行辅导。通过这样的分层布置作业，使不同层次的学生都能巩固所学知识，都能有所收获、提高。

| 理论解读 |

《中学生日常行为规范》要求学生：课外要"认真复习、预习，按时独立完成作业"。这是因为：第一，作业是课内学习的延伸；第二，作业是学

生自我检测学习效果的一个重要手段；第三，独立完成作业既是学生的义务，也是学生锻炼意志、提高学习能力的必要途径。因此，班主任要努力为此创建良好的学习环境。一个班级有了良好的班风，那些完成作业差的学生，在从众心理的作用下，也会向好的方面发展。

  本案例首先在个别教育中，运用了严格要求与尊重信任相结合的原则。对学生小王的表现，班主任既给予适当的肯定，也不失时机地提出要求；并能倾听学生内心的想法，及时改进班级管理。其次，运用了家校协同育人原则。良好的家校沟通，是教育取得成功的前提。当学生出现一些问题时，班主任及时与家长联系，互通信息。本着尊重的原则，指出该生的优点与不足，针对他认知上的偏误，及时给家长适切的建议。再次，运用了集体教育原则。通过主题班会，引导学生明确作业的目的，遇到问题时如何寻找正确的解决方法。同时，通过民主讨论建立结对子互助小组，形成班级作业奖惩条例。这不仅营造了良好的班级学习氛围，也进一步推动了班集体建设。

39 学生晚上哭着打电话给班主任，因为家长辅导作业时与孩子发生矛盾

> **情境呈现**
>
> 晚上10时多，女生小A哭着打电话向班主任求助："妈妈说我作文写得不好，不让我睡觉。"原来，小A母亲赵女士当晚检查作业时，发现小A的作文只写了300多字，而老师要求字数在600字左右。赵女士让女儿重写，小A抗议，母女因此爆发矛盾。如果你是班主任，接到求助电话后将如何应对？
>
> （来源：第九届长三角地区中小学班主任基本功大赛初中组情境模拟题第1题）

表象透视

本案例中的问题，看似是亲子沟通产生了矛盾，属于母女双方的情绪管理问题，实际上还是学业指导的问题，涉及家庭教育。

问题诊断

家庭教育中，孩子的学习是一个重要领域。虽然父母不可能像学校教师那样指导学生学好每门功课，但家长如果未完全了解孩子的学习情况，直接将自己的观点和要求强加给孩子，那么就不可能被孩子理解和接受。本案例中，因为母女两人对作文要求的认知不一样，导致亲子矛盾。孩子情绪失控，晚上10点多还向班主任求助。显然，案例中的母亲缺乏科学的作文指导方法，只是简单地从字数上要求孩子重写。这样非但不能解决问题，还给

亲子沟通造成很大障碍。

现实中，因学业指导不当造成亲子关系紧张的家庭比比皆是。为此，班主任除了做亲子关系的协调者与促进者，帮助家庭搭建沟通平台，更应引导家长了解督促、帮助孩子在家学习的一些方法和策略。

应对策略

1. 安抚学生情绪

"小A同学，你有事求助于老师，说明你信任老师。既然你是信任老师的，那你要听一听老师的建议。"

于是，班主任建议小A：

第一步：先别哭。马上去洗把脸，喝杯热水，让自己冷静下来。

第二步：想一想。作文写不出，原因到底是什么？是人太累、太困，还是没有思路？

第三步：再想一想。妈妈提出学习上的要求，你认为自己做不到，为什么要情绪化地抗议，有没有好好地和妈妈说过？

第四步：继续想一想。今后如何改善与妈妈的关系，自己应该做哪些改变？

2. 和学生家长及时沟通

"小A妈妈，您此刻的心情我非常理解。您对孩子的学习很重视，晚上还在检查孩子的作业。看到孩子的作业没能达到老师的要求，心里很着急。您这样配合老师教育，非常值得赞赏。"（共情）

"当您发现小A没有按要求完成作业时，您是否了解其中的原因，又是如何与孩子沟通的？"

"小A妈妈，家长对孩子的学习特别是作业进行督促、指导，是应该和必要的，学校也是提倡的。要注意的是督促、指导的方式方法，在没有了解孩子作文为什么写不出的原因之前，不宜简单地批评一通了事。如果家长因为孩子做作业打折扣而发脾气，那更是两败俱伤。不但孩子的逆反心理会越

来越强,而且亲子关系也会越发紧张。所以,要处理好这件事,情绪控制很重要。"(指出教育方法的错误)

"我的意见是:孩子倔脾气上来时,不是对话的好时机;等孩子冷静下来,再与她好好沟通。"

为此,班主任提出以下建议:

第一,让孩子说说作文没写好的原因是什么,自己心平气和地看着孩子,不去打断她的话,全神贯注地倾听。

第二,真诚表达自己听后的感受,语气语调不要带有负面情绪,避免发生冲突。

第三,孩子做得不好,可以批评。但是,这种批评只对事不对人,最好用建设性的意见代替批评,将批评转化为希望。

第四,当孩子确实遇到困难时,家长可以和她一起讨论,共同寻找解决问题的方法。但是家长也要明白,孩子很多时候并不是真的要从家长那里得到什么具体的建议,而是想要得到父母的鼓励和信任。

"小A同学在作文方面可能真的遇到了困难,您就暂且不要硬逼她一定要完成,因为时间很晚了。明天,我再找她谈谈,好吗?"

3. 找小A谈心

"小A同学,昨天老师建议你'想一想'的几个问题,你想过没有?能不能把你的想法告诉老师?"

"作文写不出来,说明自己在这方面需要努力,平时要加强阅读,注重积累。老师送你几本初中生的作文选,多看看别人的文章,可以得到一些启发。"

"父母总是在默默地为子女付出,并且不求回报。"(讲了很多父母为孩子付出的例子)

"你可以回想一下,妈妈养育你长大,给你留下深刻印象的事有哪些?"

"或许妈妈爱孩子的方式比较简单,有时让你无法接受,但是你要懂得、理解父母这份爱。作为子女要学会感恩,而孝敬父母的一种表现,就是不让父母多操心。我觉得,你是一个明事理的孩子,希望你平时多与妈妈沟通,把自己的心事或想法毫无顾虑地对妈妈说,充分地表达自己的思想感情。怎么与妈妈沟通,老师给你支个招,别动不动就发怒,试试用幽默的方式来表达自己的意见。如果妈妈发火了,就对她说:这个话题等一下再来讨论。要牢记,只有情绪平稳,沟通才是有效的。"

理论解读

如今,学生的学习不仅在学校里,而且还延伸至家庭。很多家长也在承担孩子学业指导的责任,这自然是好事,只是不少家长的"指导"往往带有一定的情绪。而左右家长情绪的,其实不是孩子的行为,而是家长对孩子行为的认知和评价。

本案例中,班主任针对家长指导孩子过程中产生的冲突,首先,安抚孩子的情绪。基于学生小A对老师的信任,引导她思考问题,而不是简单地直接告诉她该怎么做,不该怎么做。

其次,运用"共情原理"引导家长。在理解小A妈妈心情的基础上,肯定她的责任心;在了解事情来龙去脉的基础上,帮助家长分析问题产生的根源,指出家庭教育中存在的不足以及可能造成的后果。然后,提出针对性建议,告诉家长只有以平和的情绪面对孩子,才能达到最佳沟通效果,从而帮助家长打破亲子关系僵持的局面。

再次,在与学生面对面沟通时,倾听她的想法,再就写作上的问题循循善诱地指导她,并引导她懂得父母无私的爱,告诉她与妈妈沟通的招数。

40 学生不愿意参加社会实践活动，因为学习任务太重

情境呈现

升入高二后，学生都感到学习压力很大，时间不够用。期中考试前，学校政教处要求各班组织一次以"弘扬爱国主义精神"为主题的社会实践活动。班级里不少学生认为学习任务重、备考时间紧，都不愿意参加社会实践活动。如果你是班主任，会怎么处理这件事？

（来源：第八届长三角地区中小学班主任基本功大赛高中组情境模拟题第4题）

表象透视

本案例中的问题，看起来是如何处理好准备考试与参加社会实践活动的关系，其背后则是学生怎么正确对待学习。

问题诊断

社会实践是高中课程方案中的一项重要学习内容，也是培养学生实践能力的一条重要途径。开展以"弘扬爱国主义精神"为主题的社会实践活动，目的是为了激发学生的爱国热情，培养学生的责任感、使命感和爱国情操。本案例中，这项活动被安排在期中考试之前，以致引起不少学生反感。实践活动的时间具体怎么安排，还不是最主要的问题。作为班主任，一方面要落实学校布置的工作任务，另一方面也要体谅学生的难处，这个学业指导，需要讲究教育艺术。

应对策略

1. 召开主题班会

针对少数学生不愿意参加班级安排的社会实践活动,班主任需要及时召开一节"我们需要怎样的社会实践活动"为主题的班会课,主要环节设计如下。

◆ 第一个环节:导入开场白,引出主题。

班会课开始,班主任的开场白是:"同学们,升入高二后,各学科的学习难度明显加大了,学习深度与广度也都超过了高一,大家普遍感到时间紧、任务重、压力大。而要想在高考中取得成功,就必须从现在抓紧学习,上课时要认真听讲,把握重点,突破难点。但是如果压力过大,也会影响学习效率,不利于学好各门功课。因此,同学们需要放松身心。有时候,换一种学习方式,也许能得到意外的收获。今天这节班会课,大家一起来探讨'我们需要怎样的社会实践活动'。"

◆ 第二个环节:观看视频,激发体验。

首先,播放爱国主义教育的照片或一段视频,激发学生的情感体验。其次,让学生讲一讲观后的感受,归纳爱国的内涵:家国情怀、责任担当、无私奉献、勇于创新等。再次,班主任向学生阐述开展"弘扬爱国主义精神"社会实践活动的目的和意义。

◆ 第三个环节:分组讨论,集思广益。

围绕本班如何开展"弘扬爱国主义精神"社会实践活动,先让学生以小组为单位开展讨论,就社会实践活动的时间、内容与形式,提出意见和建议,再集中交流。预设内容如下:

时间上,学生中有人会支持班级的安排,也有人可能提出双休日、期中考试之后,或安排在传统节日,如清明节、五四青年节等。

内容上,学生会提出走进红色文化教育基地,感受红色文化中的爱国主义精神;也可以探访新时代持续发展的企业,了解中国企业的社会担当;还可以寻找国家发展壮大中的爱国精神践行者等。让学生在热烈的小组讨论中,开展思维柔性碰撞,分享内心真实的想法。

形式上，可能有学生会提出采用网上"云研学"的形式开展实践活动，也有学生会提出一定要实地参观体验。

◆ 第四个环节：情境辨析，学会选择。

众人拾柴火焰高。学生提了很多好点子，可如何选择让大家产生了烦恼。于是班主任以漫画形式呈现将讨论的问题——

小明：我愿意参加社会实践活动，但是担心活动会影响学习，我该怎么做？

小华：我愿意参加社会实践活动，但是我妈妈说，现在学习任务重，她不让我参加，我该怎么办？

小红：我现在把时间都用在学习上还不够，哪里有时间去参加社会实践活动？

由此，班主任引导学生在两难情境中思辨，分析利弊，寻找解决问题的最佳方法。通过充分讨论和因势利导，把学生的价值观引导到社会所提倡的层面上来。

◆ 第五个环节：凝心聚力，形成方案。

经过前面几个环节，全班基本上达成了共识。然后，组织学生制订班级的《弘扬爱国主义精神社会实践活动方案》，内容包括：指导思想、活动主题、活动时间、活动形式、具体安排等。其中的活动时间，改为一个月，可以在期中考试前后，也可以在双休日；活动组织形式则以小组为单位，并落实好具体分工，设计好活动记录单。

后续拓展：撰写实践活动体会。

2. 向学校政教处报备班级活动方案

班主任将由全体学生共同参与讨论的班级《弘扬爱国主义精神社会实践活动方案》及时上报政教处，并向政教处领导解读这一方案。

| 理论解读 |

本案例践行了现代教育理念。班主任对学生学习的指导过程，实际上是师生之间的一种双向情感交流过程。只有尊重学生，贯彻"以人为本"教育

理念，才能使学生在学习生活中有尊严感、愉悦感，学生的潜能、智力也才能得到充分发展。本案例中，一部分学生对临近期中考试期间开展班级社会实践活动表示异议，理由是学习压力大，时间不够用。于是，班主任组织主题班会课，有的放矢地对全班学生进行教育，并通过情景思辨、集思广益，提高学生思想认识，引导大家深刻领会爱国主义精神的内涵，从内心严格要求自己，增强进取精神与责任意识，提高学习的主动性与自觉性，促进良好班风、学风的形成。

41 学生对什么都提不起兴趣，因为他的人生规划与家长不一致

情境呈现

高一学生小李性格开朗、乐于助人，可最近常常闷闷不乐，同学与他交流，他也不爱搭理。原来，小李特别喜欢体育运动，也常常在运动会上获奖，他认为自己文化课成绩平平，打算做体育特长生，走体训的道路。但小李的父母坚决反对，认为把体育当作未来的职业太不靠谱，还是踏踏实实地学好文化课，以后考上大学，毕业后找一份稳定的工作。因此，小李现在对什么都提不起兴趣，觉得自己的未来没有希望了。如果你是班主任，得知小李这种情况后，该怎么做呢？

（来源：第九届长三角地区中小学班主任基本功大赛高中组情境模拟题第18题）

表象透视

本案例中的问题，是因为亲子之间对职业规划认知不一致，从而引发矛盾冲突。问题的解决，与对学生的学业指导密切相关。

问题诊断

选择特长发展，还是抓住基础文化课的学习？对此，每个学生都有自己的想法。学习成绩不理想的学生，一般都会选择向体育特长或艺术类学科方面发展，也有少数学生是因为爱好体育、音乐或者美术，而选择了特长发展。而大多数家长认为，报考体育或艺术类高校，将来就业面窄，很难找到

合适的工作。所以，他们希望孩子不要将兴趣放在这些方面，哪怕以后考上二本院校也行。本案例中，还在读高一的小李已有向体育特长发展的愿望，既因为自身的爱好，又有文化课成绩平平的客观原因。可是他的选择遭到家长坚决反对，因此产生了亲子矛盾。

高中学生的身体、心理、知识、价值观等，都处于发展时期。对此，班主任在对学生进行学业指导时，要重视学生的生涯发展，将学业规划和今后的职业规划联系起来，引导他们积极寻找个人兴趣爱好和文化学习之间的共振点，增强学习的能动性，为未来发展奠定扎实的基础。

应对策略

1. 与学生小李谈心

"小李同学，在老师的眼里，你是一个性格开朗、乐于助人、与同学相处融洽的学生，老师很欣赏你的个性。不过，最近我发现你有点闷闷不乐，有什么烦心事啊，能和老师说一说吗？"

"你很喜欢体育，又觉得自己文化课成绩一般，所以打算向体育特长生发展。但是这个想法遭到了父母的反对，他们不希望你学体育，要你踏踏实实地学好文化知识，以后能考上大学，找一份稳定的工作，情况是这样吗？"

"你的心情老师非常理解。其实，无论能不能成为体育特长生，作为高一年级的学生，目前最重要的还是要学好所有的功课。在这个基础上，再做好自己的学业规划。如果单凭体育特长，文化课不行的话，那么特长发展这条路也是走不远的。如果文化课基础夯实了，那么特长发展更是如虎添翼。"

"从另外一个角度思考职业发展，也不应只考虑自己的兴趣、爱好，还要考虑自己是否具备适应这个职业的能力。因为未来是多变的，能够适应这种变化的最根本的要素是人的能力。因此，在设计未来的人生愿景时，老师建议你要调整好自己的心态，先别急着定下一定要做体育特长生的目标，而是先把文化课学好，为自己打下扎实的基础，那么以后的选择机会一定会更多。"

2. 与学生家长沟通

"小李的家长，您好！最近小李同学的情绪有点低落，他原本是很开朗乐观的。孩子的情况，您了解吗？"

"我找过他谈心，了解到一些原因，所以今天想找您做一次沟通。"

"首先，我非常理解家长对小李的要求。如果换成是我，或许也有与您一样的想法。毕竟，高考时选择的专业多，考上的机会也会多。如果单凭体育特长参加高考，以后就业确实会有更多的担心。但是，家长也要站到孩子的立场去考虑，可以通过交流，了解孩子的真实想法。对此，要尊重孩子的自主选择，而不应该简单地反对、阻止。"

"其次，和您探讨一个问题——培养特长与文化课学习有没有矛盾？这个问题是家长们普遍关心的。可能您会觉得，孩子选择了体育特长，就会放松文化课的学习，这种担心是可以理解的。对这个问题，我的观点是：在特长训练过程中，孩子的注意力、观察力、记忆力、想象力等都会得到发展，这有助于文化课的学习；孩子通过特长培训学习，比起一般学生来，会有一种超乎别人的优越感和成就感，这可以增强孩子学习和生活的自信心；还有，体育训练可以提高孩子的身体素质，增强体魄。因此，只要好好引导，孩子的特长培养与文化课学习是可以互相促进、共同发展的。"

"我的建议是，家长先别急着阻止孩子的想法，要与孩子好好沟通，尊重孩子的意愿，因势利导，再进行必要的职业规划指导。"

此外，班主任提出如下建议。

一是帮助孩子根据自己的兴趣、能力、性格等，确立理想的职业目标。

二是通过引导孩子探索职业特征，有意识地锻炼他分析问题和解决问题、适应社会、与人交往等能力。

三是鼓励孩子参加与职业目标有关的学校社团，由此提升文化知识水平和综合能力。

四是指导孩子根据自己的职业理想选择适合的专业和学校。

3. 召开主题班会

进入高一后,有些学生一时适应不了高中阶段的学习生活,出现了学习成绩平平、自信心不足等问题;也有的学生和小李同学一样,想从特长方面发展;还有的学生,未来目标不清晰,感到困惑和迷茫。所以,班主任有必要以"梦想,从这里起航"为主题,召开一节班会课,主要环节设计如下。

◆ 第一个环节:畅谈梦想。

伴随着背景音乐,播放一段学生高一生活的剪影,引出开场白。

"同学们,小时候你的梦想是什么?"

"进入高中后,你的梦想有没有改变过?现在的梦想又是什么?"

"随着年龄增长,人的想法会变化。有的人越来越不敢有梦想,也越来越不敢去追随它。梦想,是人的奋斗目标,有一句俗话是这么说的——只有想不到,没有做不到。今天,我们一起来探讨'我的梦想'这个话题。"

◆ 第二个环节:质疑梦想。

组织学生微辩论:是梦想比现实重要(正方观点),还是现实比梦想更重要(反方观点)?

预设:在唇枪舌剑中,正反两方不断交锋,纷纷摆出自己的观点。

小结:因为有梦,即便无法实现,你的生活也会因此而变得与众不同;因为有梦,即便最后失败,你的人生也终将熠熠生辉。所以,人如此需要梦想,是因为它赋予人生以价值,让人找到奋斗的意义。

◆ 第三个环节:如何实现梦想?

播放《两兄弟爬楼梯的故事》,提问:"听了这个故事,同学们得到什么启发?"

小结:人生有梦想固然很重要,但如何实现梦想更加重要。通往梦想的路,没有捷径,只有在实践中脚踏实地地做,发现自身的不足,然后及时调整,才能最终抵达梦想的彼岸。

◆ 第四个环节:做好发展规划。

下发表格,让学生对自己未来的十年人生进行规划(播放背景音乐):

十年后，我期望自己成为 _____。

现在我确立的梦想是 _____，

规划的几个方面是 _____。

小结：无论梦想大小，都得遵从自己内心的意愿；每个同学都可以立足当下，追逐梦想，成为更好的自己！

理论解读

高中阶段处于人生的重要时期，这个阶段能否走好，会影响一个人的一生。职业生涯规划是高中学生的关键性一课，也是班主任进行学业指导的题中应有之义。规划制定得好，有利于当下的学习，更有利于长远的发展。因此，班主任要根据每一位学生的实际，尊重个体的差异性，在充分考虑家长意见的基础上，独立形成自己的观点。同时，通过有针对性的生涯规划教育，引领学生认识自我，从而高质量地推动生涯发展。在这个过程中，家庭教育的配合、家长的指导也不可或缺。

本案例中，首先，采用了疏导原则。基于学生与家长对职业规划的认知和要求不一致，班主任本着同理心，不仅开导学生，与家长沟通，围绕特长发展与文化学习的关系，提高亲子双方的认识；而且还纾解了亲子矛盾，引导家长对孩子进行生涯发展指导，提高家庭教育水平。其次，采用了集体教育原则，通过主题班会，引导学生全面地认识自我，做好学业规划和职业规划，立足当下，明确方向，努力拼搏。

第八辑

特殊情感问题——注意因势利导

　　人非草木，孰能无情。尤其是对于情窦初开的青少年学生，长时间相处的异性之间，更容易日久生情。在传统的教育观念中，往往将男女学生的情感诉求与交往视为"洪水猛兽"，采取"赶尽杀绝"的做法。在思想解放的今天，班主任有必要转变观念，对学生中发生的情感纠结，有意识地因势利导。

42 发现孩子收到异性同学的"情书"后，家长向班主任求助

> **情境呈现**
>
> 晚饭后，班主任张老师接到一位学生家长的电话，那是无助之下的倾诉："张老师，我是小宇的爸爸，你们班里一个叫倩倩的女生给我的儿子写情书！事情是这样的，前一阵子我无意中发现儿子的铅笔盒里有一张小纸条，写着'我爱你''我喜欢你'，今天又写来一封信，还有一首情诗。四年级学生写情书，现在的孩子真是……"如果你是班主任，该怎么办？
>
> （来源：第九届长三角地区中小学班主任基本功大赛小学组决赛情境模拟题第7题）

表象透视

本案例问题的"严重性"在于：小学四年级的学生中出现了"早恋"现象。说危害，确实有，如上课注意力分散，导致学习成绩下滑等，这也是家长和教师为之担忧的原因。

问题诊断

每一个将步入青春期的学生，随着生理上的变化，开始关注起异性同学，又会在交往中产生好感，从而想进一步了解对方，并与其密切往来。这应该是正常的心理现象，它预示着学生在逐步趋向成熟。现在，小学四五年级的班级，也有"谁喜欢谁"这种坊间传言，甚至出现两个异性同学相互传

递小纸条，放学后男生送女生回家，过生日送对方礼物等现象。本案例中，学生小宇收到的"情书"里有"爱""喜欢"等字眼，但这些学生并没有明白"恋爱"的意蕴，最多只是一种朦胧的好感。而且这种好感很容易转移，今天喜欢的是甲，明天可能是乙、丙了。当然，教师肯定是不能支持这种交往的，但也不建议社会、家庭将它视为异端，应该考虑到孩子好奇而喜欢不断探索的天性，认识到它是青少年学生成长过程中的正常的心理现象。

| 应对策略 |

1. 组织召开主题班会

为了引导学生认识男女交往是社会生活中不可缺少的组成部分，学会认识自我和了解异性，学会用恰当的方式与异性同学建构起和谐、友爱的人际关系，班主任可以围绕"男孩、女孩"组织召开主题班会，这节课的主要环节设计如下。

◆ 第一个环节：对比之中悟成长。

男宝、女宝变成男孩、女孩的过程，学生一般都很好奇。但两者是如何变化的不是这节课的重点，教师只要让学生意识到自己长大了，生理、心理都发生了变化。这个环节通过出示学生婴儿期与长大后的照片进行比较，让学生感悟到"原来我真的长大了"。

◆ 第二个环节：数据、情境齐展示。

课前，通过问卷、访谈，了解学生在异性疏远期中存在的一些现象。课上，一是通过用数字说话的方式呈现调查中的发现，二是通过情景剧《这是怎么了》进行展示。情景剧的剧情是将真实生活中的异性同学交往现象综合在一起，附带解释了什么是"异性疏远期"，从而解除学生心中的疑惑。

◆ 第三个环节：小小烦恼引讨论。

先是讨论男女学生正常交往的范围，然后出示图片，辨析其中情景，使学生更加清楚交往规则。最后是讨论交往的方式方法。基于平时男女学生交往中的表现和问题，让学生自己归纳出交往方法。整个环节看似"放"，实为一次集中的、真实的沟通体验，为男生女生提供一个实践平台，直白、坦率地面对交往中的烦恼，了解异性的想法和感受。

◆ 第四个环节:活动之中练交往。

组织三项活动:拍毕业照,从姿势动作的配合上着手;朗诵,从男女声音的融合上着力;拼图,从动手能力的契合上着眼。选择这些活动,一是让学生知道怎么样更好地与异性交往;二是让学生感受到,男女生如能发挥自身优势,在活动中就能更出色、高效地完成任务。

小学高年级男女生学会如何交往,不是一节课就能奏效的,更多地需要在平时的一言一行中体悟。当他们的认识与行为结合,并且达到一致时,那就完美了。

2. 与学生个别谈心

主题班会课后,班主任找学生倩倩谈心。

"倩倩,通过这节主题班会课,你有些什么感受,能不能跟老师说说?"

"同学之间对异性有好感,那是正常的心理反应,说明一个人在长大。"

"倩倩,你对小宇的感觉是什么?是他人长得帅,对自己友好,还是他学习好、人缘好?"

"学习好,又乐于助人,这些都是受同学们喜欢的原因。"(问清原因后,再循循善诱。)

"你知道爱是什么吗?"

"爱上一个人,就要对他负责。什么是负责?就是要呵护他,真爱他。而自己,就要有独立的能力。"

"什么是独立的能力?就是一个人可以解决吃饭、洗澡、睡觉等问题,这还是小能力。大能力是指等到读好书工作了,可以靠自己挣钱养活一个家庭。"

"你现在还小,还不具备'爱'别人的能力。所以你要好好读书,让自己变得优秀起来,这样才能让那个你爱的男孩更喜欢你。"

谈心过程中,教师要以平和的心态对待刚刚萌生出情感问题的学生。这个问题不可以归入"早恋",而是学生已经有了自我意识,是自主情感的开始。教师应该明白,这是正常的心理现象,据此引导学生的行为走向正确的方向。

3. 组织家长沙龙

小学高年级男女生之间自然地产生了一种美好的感觉，并且以自己所理解的方式与异性同学进行一些试探性交往，而他们的家长却常常对孩子这种好感和交往过于敏感与担心。为此，班主任可以组织举办"面对情窦初开的孩子，我们该怎么办"的家长沙龙，开展如下活动。

互动问题1：各位家长朋友，你们有没有留意孩子最近的变化，有哪些变化？

小结：青春期是每个孩子必须经历的阶段，如果发现你的孩子开始注意起自己的形象，开始在意别人对自己的评价，开始有了不愿与你分享的小秘密，甚至可能有了他/她喜欢的人……那说明孩子长大了。

互动问题2：进入青春期，孩子逐渐开始尝试和异性交往，而与异性交往则是孩子社交的重要课题。随之而来的问题是，很多家长担心自己怎么和孩子说这种情感，是避而不谈，还是直言不讳？

小结：青春期的孩子，心理较为敏感，因此掌握正确的沟通方法进行处理尤为重要。但不管用什么方式教育孩子，家长都要保持平常心和孩子沟通，多一点耐心、关心，才能真正达到教育的目的。

互动问题3：如果孩子有了喜欢的异性同学，家长该怎么做？

在这个问题上，可以给家长下面一些建议：

第一，鼓励孩子与父母沟通。"早恋"的孩子最怕家长知道，父母直接说此事会让孩子产生抵触情绪，结果适得其反。所以家长就感情问题与孩子沟通时，一定要控制好自己的情绪，保持心平气和，让孩子在轻松的氛围下分享父母对这个问题的认识。在沟通过程中，要让孩子说出自己的真实感受，包括对异性的感觉，以及未来的打算等。对孩子的诉说，家长要用心倾听，即使他说得多么不切实际，也不要打断。

第二，告诉孩子什么才是真爱。这个时期的孩子，心中对"爱"的认知往往出于一种好奇心。而且，正处于发育阶段的孩子，对很多情感问题的认识是非常懵懂的。父母可以依据自己的经验对孩子讲一些过去的事情，比如关于恋爱，关于父母之间的情感，为孩子树立一个正向的导向。家长主动和孩子谈"爱"，才能让孩子知道怎样做才是正确的，从而学会如何保护自己。只要孩子不盲目，就可以做到心理健康。

第三，及时了解孩子的在校情况。父母要关注孩子在校时和老师、同学之间的关系，但不要给孩子的问题乱贴标签。如果孩子真的有"早恋"倾向，要根据孩子的在校表现找一个合适的办法进行缓解，不宜强行阻止。很多时候，相互鼓励对孩子来说也是一种正向引导。

第四，启蒙性教育，消除神秘感。在了解孩子的真实感受后，父母要帮助孩子分析自身的情感，并进行一定的性教育，消除对此的神秘感。可以让孩子知道，对异性有好感是正常的，但由于生理和心理都还不成熟，人生观、价值观还未确立，现在不是谈恋爱的时机。喜欢代表认同，可以保留着这份情愫，把他或她当作好朋友，与其共同进步。

理论解读

小学高年级学生逐渐进入了青春发育期，人体内一场蓬蓬勃勃的变化正在发生。与此同时，他们的心理也有了新的变化，一种对异性的好奇感和接近欲也在悄悄地萌发。过去从来没有过的"男女界限"被划分出来，有的学生还在私下暗暗传播"谁喜欢谁"的小道消息，这些青春期的心理萌动让男女学生的交往变得不自然起来。

针对本案例中小学四年级学生产生的异性之间的情愫，班主任运用主题班会、个别谈心、家长沙龙三种形式，正确引导和恰当教育。首先，通过主题班会进行集体教育，帮助学生学会如何自然地度过这一"不自然"的交往期，使男生女生能了解彼此的共性和差异，用接纳、理解的态度化解与异性交往中的矛盾和烦恼，用欣赏、学习的态度与异性和谐相处，去感受友好相处的乐趣。其次，运用疏导原理，分别和学生、家长沟通。这期间，始终坚持"疏"比"堵"更有效的原则，引导学生认识"爱"的含义，学会与异性同学正确相处的方法，管理好自己的情感。与家长一起探讨"面对情窦初开的孩子，我们怎么办"，引导家长树立正确的育儿观念，学会基于学生的实际情况，选择正确的教育方法。

43 一张表达爱慕的纸条被公开

> **情境呈现**
>
> 还有两个月，这届学生就要小学毕业了，班级里弥漫着浓浓的离别情绪。一天，我像往常一样走进教室准备上课，打开语文课本时，一张纸条映入我的眼帘。我扫视了纸条内容，原来是女生小张写给男生小李的一封表达喜欢之情的信。我不动声色地收起纸条，环顾一眼学生。只见他们中有的静静地盯着我，有的表情中似乎藏着一丝幸灾乐祸的意味，有的像发现了新大陆般地满含兴奋与好奇，而小张则高高地昂着头直视着我，小李却是一脸的无辜。这是一位班主任的自述，如果换成你，你该怎么办？
>
> （来源：第九届长三角地区中小学班主任基本功大赛小学组决赛情境模拟题第10题）

表象透视

本案例是语文课上的偶发事件，学生离别之时以纸条表达对异性的爱慕之情，为毕业班的教育带来了新问题。

问题诊断

小学五年级的学生，逐渐进入了青春期。青春期是人生发展过程中的一个特殊阶段，由于性发育开始加速，小学生的性别意识也随之觉醒和逐步形成。在性意识发展过程中，男女学生会产生互相吸引的心理，产生一种彼此接近的需要，而且特别希望异性注意自己并对自己有好感。

本案例中，班主任面对夹在语文课本里的小纸条"情书"，面对全班学生不同的表情，已经来不及思考纸条是怎么放入教师课本里的，但看得出这起事件是有学生故意而为的，其言下之意是要看老师怎么处理学生的"情书"事件。

应对策略

1. 急中生智，借机发力

"同学们，还有两个月大家就要小学毕业了。五年的学习生活，让同学们结下了珍贵的友谊。在即将离别的时候，体验同窗之情，难免依依不舍。那么今天这节语文课，就改为'友谊地久天长'主题班会课。首先，请大家谈谈对同学友情的看法。"

学生交流发言。

"不可否认，少男少女的友谊中，会含有互相倾慕依恋的成分。对此，如果不理智地处理，不以高尚的道德情操来约束自己，就很有可能超越友谊的界限。当对方不在身边时，自己会坐卧不安，大有'一日不见，如隔三秋'之感，这就很难以'友谊'来解释了。那么，异性同学应该如何正确交往呢？请大家谈谈自己的看法。"

学生交流、探讨如何与异性同学正确交往，在此过程中，班主任列举一些交往不当的案例，同时教给学生一些人际交往知识。

班主任总结学生讨论的结果，提出五条建议：一要培养健康的交往意识，淡化性别，广泛结交；二要积极参加集体活动，避免"一对一"单独接触；三要态度亲切友善，举止自然，落落大方，往来适度；四是男生要尊重女生，女生更要自尊自爱自强；五要避免产生误解，如发现有误解的苗头，要及时澄清。

2. 个别谈心，因势利导

小学五年级学生对异性的好感还处于懵懂期。碰到这种事情，有些成年人喜欢用"你怎么会这样""你什么都不懂"等话语来指责孩子,这样只会引起他们的抵触情绪。其实,教师和家长对"纸条传情"一事无需如临大敌,但必须予以重视,做好引导教育。因此在主题班会课后,班主任分别找小张、小李谈心。

"小张,你写了这张纸条,说明你长大了,老师替你高兴。"

"你对小李同学有好感,是吗?"

"那么,你喜欢他什么呢?"

"这种好感或者欣赏,应该说是很正常的。对异性有了好感,怎么办呢?"

于是,班主任给小张讲了一个故事。一个10岁的小男孩对自己的母亲说:"我好喜欢我们班上的一个女同学,我要娶她做我的新娘!"这个母亲告诉孩子:"你喜欢她,就要给她幸福,你要给她买带花园的房子,买小汽车,送给她钻石项链和玫瑰花。为此,你现在要好好读书,长大后才可以赚钱买这些东西。那时候,你才有资格去爱她。"这位母亲说的话很有道理,爱一个人就要给她幸福,你现在还没有能力给别人幸福,就要努力创造给喜欢的人幸福的条件,将来才可以赢得甜蜜的爱情。

"小李,小张写给你的纸条,你看过吗?"

"对此,你应该感到高兴,因为你有别人欣赏的地方。"

"但是,你们年龄还小,是学文化、学知识、长才干的时期,还没到谈恋爱的季节。希望你能加倍努力学习,将来一定会赢得更多同学的欣赏和喜欢。"

| 理论解读 |

从心理学角度看,小学高年级学生的异性交往中已存在这种早熟的现象。他们渴望与异性交往,渴望被异性关注和关注异性的感受。这不仅是身心发展的自然流露,而且是一种心理成长、认知进步的表征。现实中,他们也像模像样地传起了纸条,玩起了"约会"。对于校园中这类问题,教师不

能视而不见、听之任之，或者用简单方法去制止。引导学生探讨男女生之间应如何交往，帮助他们分清友谊和早恋，对于小学高年级学生来说，进行正常健康的交往非常重要。

  本案例中，学生之间传纸条表达情感，原本属于正常现象，但是问题发生在课堂上，确实颇为棘手。班主任抓住学生的好奇心，急中生智组织了一场没有预设的主题班会，利用集体教育的力量引导学生进一步领悟，现在这个年龄阶段的自己，应珍视友情，慎对爱情，由此促使全班学生形成一种兄弟姐妹般的纯真友情，体会同学之间友谊的可贵；以此丰富学生的异性交往，培养他们正确的人际交往观念，从而在班级中形成一种良好的风气。

44 班上已有两名学生"早恋"的传言，班主任在街上正好目睹他俩的亲密动作

> **情境呈现**
>
> 小辉是体育委员，长得高大帅气；小琳是英语课代表，活泼可爱。一次与学生交谈中，有人反映他俩关系非常"亲密"，相处时似乎已超出一般同学友情的界限。当时，班主任也是听听而已，没有直接找他俩谈话。没想到有一天，他俩手牵着手在街上走，被班主任撞个正着。一见到班主任，两个人的手迅速分开，脸上的表情变得复杂起来：吃惊、尴尬、害怕……如果你是班主任，将如何处理？
>
> （来源：第九届长三角地区中小学班主任基本功大赛初中组情境模拟题第5题）

表象透视

本案例中问题的焦点是，男女学生这样交往有没有"出格"，而且事情发生在校外。此事如何处理不但关系到班主任的应对能力，而且和班主任分析问题的水平有关。

问题诊断

进入青春期的学生，生理和心理都会有所变化。渴望、喜欢与异性交往，是青春期学生性心理发展的必然。男女学生之间，常常会有一种异常强烈的与异性在一起的渴望，这也许就是中学生心目中最初的"爱情"。本案例中，班主任先是听说有学生反映两名异性同学的"亲密"关系，后是当面

目睹。看着他俩现场的情状，班主任心中已经猜出十之八九，学生的反映得到了证实。

"哪个少女不怀春，哪个少男不钟情。"对异性的思慕，以及交友、恋爱中的冲动，是学生成长的必然。问题的关键是，班主任如何帮助学生趟过这段青春的沼泽，不让稚嫩的心灵喑哑在迷惘的境地里。这是班主任应该思考的问题，也是责任所在。

应对策略

1. 保护自尊，化解尴尬

"牵手"的男女学生在街上被班主任撞见，一时间尴尬、不知所措，自不待言。对此，班主任似乎没当一回事，及时打破僵局，巧妙引出话题。

"小辉、小琳同学，今天遇到你俩真巧，你们在一起做什么啊？"（试探，学生可能会说在一起学习，也可能会说正巧遇上。）

"同学之间相约在一起学习，互帮互助非常好。俗话说：赠人玫瑰，手有余香。小琳同学英语好，可以帮助小辉学习；小辉同学体育好，可以和小琳一起锻炼。老师赞同和欣赏同学之间合作学习，它还能促使彼此互相了解，增进同学之间的友谊。"

为了避免更多尴尬，班主任最后轻松地对他们说：早点回家，抓紧时间好好复习！

2. 推心置腹，耐心引导

街上邂逅，班主任察觉小辉、小琳俩人眼神闪烁不定，牵着的手迅速分开，由此断定这两个人已经"交往过密"了。为此，班主任觉得有必要利用课余时间找俩人谈心。

"小辉、小琳同学，同学们议论你们俩人的关系过于'亲密'，你们自己是怎么看的？"

"你们说说，自己欣赏对方什么？"

"欣赏对方、喜欢对方,是步入青春期的你们对异性产生好感,或有亲近欲望的原因,这也是成长过程中萌发的一种自然的、美好的情感。男女同学之间的正常交往,可以实现优势互补,取长补短,有益于各自身心健康发展。但是如果交往中处理不当,深陷其中而不能自拔,那就会影响和妨碍个人的学习和身心健康,还会使同学们产生误解。而这些误解,又会给你们带来一些情绪上的困扰。所以,老师希望你们要树立健康的异性交往观,形成正确的异性交往态度,掌握正确的交往方式。"

班主任这样推心置腹的谈话,应该会取得一定的效果。但对于已经萌发了"早恋"情感的男女学生,要他们理性地处理好双方关系,仅靠一次谈话是不可能的,还需要做大量细致的思想工作。

3. 开展系列主题教育活动,营造正确的班级舆论

班主任可以"相逢在美丽的花季"为主题,组织开展系列教育活动,具体内容如下。

专题一:开设讲座《呵护青春,绽放美丽》。面向全体学生,以鲜活的事例解读"青春期的概念""青春期的主要特征""什么是责任""什么是真正的爱"等话题。

专题二:开设讲座《女生课堂——解读青春密码》。请学校心理健康教育教师为女生上课,内容包括:青春期生理卫生保健、早恋的危害和如何学会自我保护等。讲座以播放视频材料为主,再现发生在同学身边的鲜活案例,既生动活泼,又科学规范。

专题三:为家长开设讲座《父母如何引导孩子度过青春期》。围绕"如何关注孩子青春期微妙的变化""如何应对青春期孩子出现的情感问题"等话题,帮助家长分析家庭教育中存在的问题和不足,并诚恳地提出相关建议。

专题四:召开"相逢在美丽的花季——异性交往"主题班会。围绕"男女同学交往的意义""男女同学之间交往的恰当方式""男女同学之间交往带来的困扰""异性交往中的自我保护""中学生早恋的特点和不能早恋的原因"

等话题，引导学生通过丰富的情感体验，真正感悟到：相逢在花季，沿途的风景很美丽！

对学生小辉、小琳，班主任要继续关注，勉励他们珍惜友情，做到理性对待，在学习上互相帮助，正确掌握异性相处之道。

理论解读

青春期的中学生对异性充满好奇心和神秘感，他们向往与异性同学在一起，渴望与异性交往，这是正常的生理和心理需要。为了更好地指导男女学生进行正常的交往，学校、家庭和社会既要理解学生的这种情感需要，又要通力合作开展这方面的教育，寻找一些适宜的方式方法，引导学生在交往中学会把握交往的分寸与尺度，以避免"过"或"不及"所导致的早恋或孤僻；进而指导男女学生彼此间建立纯真的友谊，在交往过程中增长知识、丰富性格、愉悦身心，使自己得到健康发展。

首先，本案例遵循了尊重对方的教育理念。班主任在大街上遇到男女学生手牵手时，不是大动干戈，批评指责，而是用婉转的肯定保护学生的自尊，从而化解了尴尬场面，也避免了师生冲突。其次，运用了疏导原则。对"异性交往过密"一事，班主任不夸大其词，上纲上线；但也不回避问题，而是适时与两名当事人推心置腹地谈心。在理解的基础上，积极引导学生正确面对异性的感情。再次，运用了集体教育原则。处于性发育阶段的学生，随着性成熟期的到来，必然会对异性、对爱情产生朦朦胧胧的感觉，而且急于想了解、探究其中的秘密，这是青春期性心理的正常表露。为此，班主任组织开展系列主题教育活动，引导学生正确认识异性同学之间的情感、交往和友谊，学会运用恰当的方式与异性交往。

45 学生向班主任承认自己在谈恋爱，要求其对家长保密

情境呈现

高中生莹莹最近心事重重，在班主任的关心与询问下，她主动袒露了藏在心里的小秘密——自己和班里的一名男同学恋爱了。她还恳求班主任为她保守这个秘密，班主任答应了她。可是莹莹的妈妈也发现了女儿的异样，来电向班主任询问女儿的情况。如果你是班主任，会如何处理，是否把情况如实地告诉莹莹的妈妈？

（来源：第九届长三角地区中小学班主任基本功大赛高中组情境模拟题第8题）

表象透视

本案例中问题的聚焦点：一是学生"早恋"如何处置；二是由此带来的亲子关系、家校关系如何协调。

问题诊断

随着年龄增长，高中生的性意识不断地增强。在社会大背景下，他们与异性的接触会逐渐增多，由此也难免会产生对爱情的向往。谈恋爱的高中生中，有的人在互相鼓励，携手共进；但较多的则沉迷于二人世界而荒废学业，甚至更有一些人做出越轨的行为，乃至对他人、对自己造成巨大伤害。在爱情问题上，高中生基本上只有一些懵懂的认识，并不能准确地把握恋爱的"度"。至于"早恋"的出现，也使相当部分的学生处在痛苦、懊恼、愤

怒、悔恨中，以致经受煎熬，不断挣扎。他们的父母闻知后，则不知如何是好，更多地表现为焦虑不安或暴跳如雷。本案例中，学生莹莹向班主任承认自己在谈恋爱，还恳求班主任替她保密。这说明莹莹最在意的是父母的态度，害怕父母知道此事后会极力反对。细心的母亲发现问题后，直接询问班主任，一下子将班主任推入了两难境地。

高中生"早恋"不是洪水猛兽，关键是班主任（家长）怎么进行正确的思想教育和积极的心理辅导，给学生（孩子）以充分的尊重，多一些理解与宽容，多一些引导。

应对策略

1. 安抚家长情绪，注重正面引导

"莹莹妈妈，请你说说孩子最近在家里的表现。"

听了家长的倾诉，班主任了解到学生在家的表现，以及家长的教育理念与教育方法。于是针对家长的焦虑，给予一定的指导。

"莹莹妈妈，您担心孩子谈恋爱会影响学习，您的心情我非常理解。"

"其实，高中学生中有'早恋'行为是比较多见的。因为这个年龄阶段的孩子生理发育快，因此在心理上都会对异性产生一些好奇，这是每一个成年人都经历过的。如果我们一味地禁止、反对，就会增强孩子的叛逆情绪，因此要积极引导。"

在家长情绪稳定后，班主任提出如下建议。

第一，调适自己的情绪，立足理解关心。一旦发现孩子早恋，家长切不可急躁，更不要训斥孩子，而应以冷静的心态分析早恋的原因，以平等、真诚、信任的态度对待孩子，多多地尊重、关心、理解孩子。

第二，及时和孩子沟通，表明自己的立场。对早恋，孩子最在意的是家长的态度。家长要明确地告诉孩子：高中生谈恋爱是正常的，但爸爸妈妈保持中立的态度，最希望你能把心思放在学习上。

第三，和孩子约法三章，不能超越底线。首先，谈恋爱不能发生性关

系，只可以单纯地表示相互喜欢。其次，不能在学校做出亲密的举动，这既不符合校规校纪，也会造成不良影响。再次，可以邀请对方来家里做客，学习上互相帮助；但不能去酒吧等娱乐场所，晚上也不要去一些公共场所。

第四，平时多关注孩子，融洽亲子关系。家长要学会换位思考，用理解、尊重孩子的方法与孩子沟通，以关注等待孩子转变。当发现孩子情绪异常时，不要轻易下结论，可以用抚摸、轻拍等肢体语言，安抚她的情绪，尽量心平气和地与她交谈，帮助她排解烦恼。

高中阶段学生学习任务繁重，但也并不是所有家长都反对自己孩子谈恋爱，有的家长支持孩子谈恋爱。因此，与莹莹妈妈交流之后，班主任应该及时与男生的家长进行沟通，了解对方的态度，再因势利导。

2. 与学生个别谈心

对高中生"早恋"，班主任如果一味地横加干涉，严加阻止，结果往往会适得其反，正是"外界压力越大，反作用力也越大"。所以，班主任并没有因为莹莹谈恋爱而对她横加指责，反而答应替她保密。当然，学生中这种现象也不能听之任之，任其发展，必须给予积极疏导。为此，班主任要及时找那对男女学生好好谈心。

"你们知道吗，未成熟的青苹果又酸又涩，成熟季节收获的果子才又香又甜。青少年时期是长知识、长身体的黄金时期，很多看法和想法都还没有成熟。一些人生大问题，等将来自己有了立足社会的本领，再考虑也不迟。如果你们沉浸于过早的恋爱之中，就很有可能跌进'美丽的陷阱'而自毁前程。不要说两人的这份'爱'能不能坚持住，就是将来也不一定能相互成为结婚对象。因此，如果你深爱对方，就要分外努力，努力学习或努力掌握一技之长，让这份爱在将来的社会生活中延续。希望你们能正确驾驭这份情感，使之朝着健康的方向发展。"

接着，对于如何处理这份感情，班主任向他俩提出三点建议：

第一，要广交朋友，既有异性的，也要有同性的。在和他人相处中学会交往，能丰富自己的感情。

第二，要多读书多学习，努力扩大知识面。这样才能让自己变得优秀，才能赢得别人的喜爱。

第三，要懂得什么是"爱"。爱不仅仅是喜欢，还意味着责任、担当。假如这爱能成为自己不断进取、积极向上的动力，那就是健康的爱。

在做好家长与学生这两方面的工作后，班主任引导两个家庭加强亲子沟通，及时掌握信息，了解情况，以便后续教育适时跟进。在这一过程中，班主任要做的是默默的关注和期待。

理论解读

首先，运用理解与尊重的教育原则。针对高中学生谈恋爱这件事，班主任站在学生的角度，本着理解与尊重的态度尽可能地走进他们的内心，去关心他们，引导他们。这期间，还答应替学生保密。从中可见，教师对学生心怀包容与期待。

其次，遵循正面引导原则。绝大多数"早恋"的后果轻则影响学业，重则偷尝禁果。本案例中，班主任循循善诱，就如何处理这份感情，向双方提出建议：希望他俩能尊重并珍惜自己的感情，把握好分寸，控制好自己的情感，并且把这种感情珍藏起来，不任其自由发展。

最后，运用家校协同育人原则。面对家长的主动询问，班主任引导家长说出孩子在家的异常表现。在家长的倾诉中，感受其情绪，了解其对孩子早恋问题的看法和态度。在"同理心"的基础上，班主任又向家长传递正确的教育理念，提出家庭教育的科学方法，并期望家校达成教育共识，形成合力，一起引导孩子顺利度过青春期。

第九辑

学生干部问题——要求敢于担当

班干部是班主任开展班级工作的助手,班干部队伍的素质如何,关系到一个班级班风、学风建设的成效。因此,加快培养一批优秀班干部,是班主任煞费苦心的一件事。现实中,很多班主任体会到,选拔学生干部的一项重要标准是敢于担当。

46 劳动委员认为自己没有能力，向班主任辞职

情境呈现

早晨，班主任走进教室，发现教室里很脏，于是问班级劳动委员小薛。他说："最近，由于学习任务重，放学时间晚，值日生来不及打扫就走了。第二天我去问，他们说，现在初三了，放学又这么晚，自己没时间也没力气打扫教室，让我也别再操这份闲心了。所以现在放学后，原本轮到值日的同学都走了，我想拦也拦不住。我没有能力，不想再担任劳动委员了。"如果您是班主任，该怎么处理？

（来源：第九届长三角地区中小学班主任基本功大赛初中组情境模拟题第2题）

表象透视

本案例的问题，是初三学生的劳动意识减弱了，劳动委员管不了而提出辞职。这反映出学生责任感的缺失，班级管理有问题，而现象背后的，是对班干部的培养问题。

问题诊断

表面上看，劳动委员觉得班级卫生工作未做好是自己的责任，非常自责，觉得对不起班主任的信任，于是提出辞职。而班级卫生工作没能做好的客观原因，是放学时间晚了，值日生不听从劳动委员劝告，没能履行自己的职责。在这种情况下，班主任如何支持劳动委员开展工作，是解决问题的关键所在。

应对策略

1. 首先安抚劳动委员的情绪

"班级卫生状况不尽如人意,老师知道你心里很不安。实际上,你已经提醒过值日生了,但值日的同学一放学就走,你想拦也拦不住,所以很委屈。如果我遇到这种情况,肯定和你一样,心里不好受。"

"由于值日生不配合,你觉得自己没有能力,因此提出辞职。在老师看来,你由于自己没有尽到责任而内疚,这恰恰说明你有很强的责任心。因为你有责任心,老师才放心把劳动委员的重任交给你。"

"当然,现在班级卫生工作出了一些问题,与我平时疏于教育有关,我也有责任,老师向你道歉。"

"但是你想一想,你辞职了,班级卫生状况就能变好了吗?"

"现在我们一起想办法,群策群力,把班级卫生工作做好,行吗?"

2. 接着召开主题班会,集思广益,解决问题

为了激发每个学生的岗位责任意识和集体荣誉感,班主任组织召开"一屋不扫,何以扫天下"主题班会课。

预设场景:班会课开始,班主任引导学生解读班会主题"连一间屋子都不打扫,怎么能够治理天下",引申为"琐碎的事情不做好,怎能干好一番大事业"。

由此,再重申主题的含义:班级卫生值日工作不是哪一个同学的事,全班每个人都要积极行动起来。

接着,组织全班学生围绕"班级卫生情况之我见",畅谈各人看法。在学生交流时,班主任强调:众人拾柴火焰高,班级的卫生工作需要每个人付出努力。

讨论中,有学生提出实际问题:现在学习任务重,每天放学很晚,有时老师还要留下部分同学补习;如果等同学们都走了,值日生再扫地,回家就很晚了,父母会担心的。班主任因势利导,引导学生议论:如何改变班级目前的卫生状况?

全班通过讨论，最后达成共识：采取灵活措施改善班级卫生状况。主要有：值日生每天早上、中午抽空扫地，每人准备一个马夹袋放垃圾，每天放学后自己处理垃圾。

3. 再和劳动委员谈心

新措施实施一周后，班级卫生状况大为改观，班主任找来劳动委员，进一步和他谈心。

"小薛，老师发现你这几天一直在提醒同学们做好值日生工作，我们班级也获得了卫生流动红旗，你功不可没啊！"

"下一步，我们要考虑如何增强同学们的劳动意识，让每个人养成良好的劳动习惯，老师想听听你有什么好的建议。"

在班主任的引导下，劳动委员出谋划策，班级将推出后续活动——评比阶段性值日之星。

理论解读

首先，运用"同理心"原理。"同理心"是指能设身处地地理解他人的情绪，感同身受地体会身边人的处境及感受，并适切地回应其需要。班主任在与劳动委员小薛交谈时，站在他的角度，体察他的感受和苦闷，对他的"辞职"表示理解，并不失时机地肯定他的责任感。这样不仅安抚了他的情绪，而且也让他在自责中获得一丝安慰。

其次，运用为了集体的教育原理。班主任没有单枪匹马地以个人的力量教育学生，而是凭借集体教育的手段去影响学生。"为了集体"这一教育原理意味着集体不仅是教育的目的和对象，也是教育的手段。班级卫生不能仅靠劳动委员一个人去监督、管理，必须从源头上去解决问题。主题班会课是进行集体教育的好手段，通过全班讨论、集思广益，找到解决问题的办法，每个学生从中受到教育，达到了预期效果。

再次，运用信任教育的原理。对学生信任，就是充分发挥学生的自主性，调动其自我教育的积极性。教师在教育中应注意掌握学生的思想动态，善于发现学生身上的亮点，鼓励学生，支持学生。本案例中，班主任两次与劳动委员交流谈心，还征求他的建议，使他获得了信任感、认同感和归属感。这种积极的情感体验和发自内心的成长自尊心，自然可以成为他以后不断进步的动力。

最后，运用正强化的方法。为了使教室里一直能保持良好的卫生环境，班级推出"评比阶段性值日之星"等措施，对表现突出的学生予以表扬鼓励，对有意逃避者由班主任督促完成罚扫任务。相信在这些正强化措施实行后，全班学生会养成爱劳动的好习惯。

47 班级语文课代表似乎很不受同学欢迎，其本人也向班主任诉说自己的苦恼

情境呈现

在与学生交流中，班主任发现语文课代表小红似乎很不受同学欢迎。班长反映小红没有很好地履行职责，自己的作业也不交，语气中带着一些不满和嫌弃。小红的同桌也向班主任提出要调换座位，原因是上课时老师在上面讲，她在下面说，爱表现自己。还有人说，她和男生相处没有距离，说话很随便，让人听了很不舒服，因此大家都不愿意和她交往。这让小红也很苦恼，并向班主任诉说。如果你是班主任，该怎么办？

（来源：第九届长三角地区中小学班主任基本功大赛高中组情境模拟题第14题）

表象透视

本案例中的问题，既指向课代表是否能履行职责，又与人际交往有关，这两方面都涉及对学生干部的培养问题。

问题诊断

课代表应该是任课教师的得力助手，如协助老师收发作业、反馈同学们的意见与要求等，让师生之间的沟通保持畅达。好的课代表是本班中该学科的学习带头人，起到示范作用。同学在学习上遇到困难时，还能主动去帮助。本案例中的语文课代表小红不受人欢迎的原因是：自己的作业也不交，上课时随便讲话，与男生相处时说话随便等。这说明小红对自己要求不高，

不能很好地履行课代表的职责。这些问题，与小红本人的个性特点有关，如行为不拘小节。所以，同学们都不愿意和她交往。对此，小红自己可能还没有意识到，因此常常为此苦恼。

作为班主任，应该本着严格要求与尊重学生、信任学生相结合的原则，加强对小红的引导教育，促使小红反省自己、改变自己，认真履行课代表职责，努力与同学建立融洽的人际关系。

应对策略

1. 找小红谈心

"小红，你最近遇到了什么烦心事，能不能告诉老师？"

"你说的这些问题，表明你非常在意同学们对自己的看法，你内心也是渴望得到大家的接纳和认可的。"

"从课代表工作、学习和人际相处这些方面，你先评价一下自己是一个怎样的人，好吗？"

"你的性格可能比较大大咧咧，想说什么就说什么，自己根本不会觉得这有什么问题，是吗？"

"那么，问题到底出在哪里，你有没有想过？老师帮你一起来分析一下，好吗？"

"作为语文课代表，自己时常不交作业，同学们会怎么看？身为课代表，你觉得能服众吗？"

"上课时，老师在上面讲，你在下面讲，同学们会怎么看？这样做有没有兼顾到其他同学的感受？"

"课代表既是老师的助手，也是同学的代表。课代表的职责，有明确的要求。如上课认真听讲，起带头作用；积极回答问题，做同学的表率；早晨到校后，将作业本送至教师办公室，并附上未交者名单；上课预备铃响后，巡视教室，检查每人是否备齐课本及学习用品；积极配合任课教师教学，认真完成教师委托的工作；当好师生之间的联络员，及时传达教师的要求、反映同学们的建议或困难等。对照这些要求，你觉得自己在哪些方面做得比较好，还有哪些方面需要改进？"

"在老师眼里，你是一个聪明的学生，也是一个有能力的学生。老师希望你能勇于承担自己的责任，积极改正工作中的不足，当好一个课代表。在工作方面，老师永远是你的坚强后盾。"

2. 找小红的同桌谈心

"这位同学，你提出要调换座位，是因为小红的一些行为影响了你的学习。对这一点，我非常理解。"

"你再想一想，如果座位换了，小红会因此就改变她的行为吗？"

"据我了解，小红是一个大大咧咧的人，平时确实不太注意自己的言行，也不会考虑他人的感受。她可能没有察觉到自己不拘小节的言行，会招致同学们的反感，导致大家都不愿意和她交往。至于她本人，对同学们是没有恶意的。因此，她自己也很苦恼。我已找过小红谈心，她现在已经意识到自己的不足，并决心要改正。作为同班同学，你是不是可以伸出援助之手，帮助她，宽容她，给她改正缺点的机会呢？"

3. 加强对课代表的培养与指导

为了提高课代表的责任意识、自律意识，班主任要引导他们明确自己的职责，调动他们的积极性，提高他们的工作能力，帮助课代表做好同学的代言人。具体措施如下：

第一，明确课代表的岗位职责。为了让每个课代表理解自己的工作特点，班主任可以提出一些具体要求，以强调课代表的应有功能。

第二，组织课代表参加履职培训。班主任可以定期对课代表进行培训，让他们明确哪些事应该做、怎么做。如关于收、交作业本的流程，不妨根据班级实际做出一些明确而带一定灵活性的规定，让每个学生、每个学习小组都能照章办事，并据此及时了解各科学习情况。

第三，丰富课代表任务的内涵。班主任应引领课代表拓宽思路、创新方法，丰富自己的工作内涵。如组织全班同学交流学习方法与经验，开展学科知识竞赛。还可以结合学科特点，举办益智类活动，如语文学科的古诗词诵读，不仅能提高课代表的工作能力，而且可以激发全班学生的学习积极性，营造班级良好的学风。

第四，召开述职报告会。通过引导课代表总结经验，发现不足，进一步增强岗位责任意识，培养课代表的团结协作精神。

理论解读

首先，运用疏导原则。从提高课代表的认识入手，教育时循循善诱、以理服人，强调学生的主动性，引导他们积极向上。本案例中，小红对自己的言行后知后觉，不清楚同学们为什么不愿意与她交往。班主任和她谈心时，对她的行为没有简单地贴上"对"或"错"的标签，而是通过层层巧设问题，引导她敞开心扉，说出内心的真实想法，学会换位思考问题，从而促使她认识自身存在的不足。这样的谈心，是非常有效的。

其次，运用严格要求与尊重学生、信任学生相结合原则。对学生的教育，应将思想和行为上的严格要求，与对学生个人的尊重和信赖结合起来。本案例中，针对小红身上存在的问题，班主任希望她勇于承认自己的不足，积极改正。同时，又表示老师永远做她的坚强后盾。这样的严而有度、严中有信、严中有爱，促使学生用积极的心态去改正缺点。

最后，运用知行合一原则。教育学生，目的是要引导他们进行实践体验，使认知与行为结合，做到表里一致、言行一致。本案例中，小红身上的问题也反映了她对课代表工作职责的认知，以及工作能力的表现都存在不足。于是，班主任抓住教育契机，因势利导，对课代表加强培养与指导，通过采取一系列的措施，引导课代表明确岗位职责，提高履职能力，拓宽工作思路。同时，课代表们通过述职总结，反思工作，强化了任务认知，培养了敢于担当的精神品质。

48 学习委员在班干部改选中落选了，班主任找其谈心

> **情境呈现**
>
> 学生小李学习成绩优秀，曾是班级学习委员，但在新一届班干部选举中落选了。班主任找几个学生了解情况，他们都说小李很自私，有难题问他，他要么说没时间，要么说自己也不会做。班主任找小李谈心，他却满不在乎地说："学习委员做不做无所谓。老师，说实话吧，班级同学都是竞争对手，我在学习上帮助他们，不是给自己制造麻烦吗？"如果你是班主任，听到这样的话，会怎样做？
>
> （来源：第九届长三角地区中小学班主任基本功大赛高中组情境模拟题第17题）

表象透视

本案例呈现的问题，在班干部中有一定的代表性。表面看来是人际相处有矛盾，实质上是学生的价值观存在偏差，这是班干部培养的深层次问题。

问题诊断

学习委员一般都是班级里的学习尖子，这个职务通常是由学霸担任的。从职责看，学习委员应严格要求自己，以身作则，给同学做个好榜样；平时，要协助班主任营造班级良好学习氛围，任课教师不在时，还要为同学答疑解惑。本案例中，学生小李落选学习委员的一个重要原因，是他不肯在学习上帮助同学。班主任找他谈心，他还振振有词，满不在乎。从言行表现

看，小李确实没有尽到学习委员的职责，落选也很正常。从心理角度分析小李的"理由"，从中可以发现更多的问题。现在社会上竞争激烈，班级学生之间也视彼此为竞争对手，小李担心同学们会超过自己，所以不想帮助他们。这种自私心理反映出学生的价值取向。作为班主任，在班干部培养教育中应予以重视，引导他们做好自己的本职工作。

应对策略

1. 正面引导

"小李同学，你的学习成绩一直优秀，老师们都非常欣赏你。你的一些想法，老师也能理解。"（赏识）

"现代社会，竞争无处不在。现在班级里，是同学之间的竞争；将来到社会上，是同行之间的竞争。你说说看，一个人能在社会上安身立命，他的核心竞争力到底是什么？"

"能力与才华，只是人的素质的一部分，不可能是唯一的核心竞争力，一个人的品质德行更重要。真正懂得关心与帮助他人的人，才能最终赢得别人的尊重与信任，才有可能在不同的竞争场合里取得最终胜利。"（说理）

"一个班级的同学，既可以是互相竞争的对手，又应该是互助合作的伙伴。即使在竞争中，同学之间也应互相激励，携手共进。在互助合作中，同学之间更要相互帮助，取长补短。适当的竞争不意味着失去友谊，反而会使友谊更牢固。因此，同学们既要敢于竞争，又要善于合作。"（说理）

"其实，每个人都在为自己争取利益，这是可以理解的。但老师希望你能换另一种思维角度好好想一想：如果有一天，你遇到困难需要别人帮助时，别人也以拒绝的话语对待你，你会怎么想？"

"比尔·盖茨说过这样的话：'在社会上做事情，如果只是单枪匹马地战斗，不靠集体或团队的力量，是不可能获得真正的成功的。这毕竟是一个竞争的时代，如果我们懂得用大家的能力和知识的汇合来面对任何一项工作，我们将无往而不胜。'希望你能记住。"

2. 召开班干部会议

在新一轮班委会产生之际,为了帮助班干部进一步明确工作职责,正确处理工作与学习的关系,班主任有必要及时组织一次班干部例会,主要环节设计如下。

◆ 第一个环节:学一学班干部职责。

学习中,班主任要强调班干部在班集体建设中的应有作用,并对班干部提出高标准、严要求。

◆ 第二个环节:议一议班干部落选情况。

围绕班干部落选的情况,大家一分为二地说说自己的看法。班主任因势利导,要求班干部处理好学习和工作的矛盾。同时,强调班干部要树立服务意识,具备"能上能下"的心理素养。

◆ 第三个环节:说一说遇到的困难与问题。

引导班委会成员面对班级中的各种现象和管理上遇到的难题,大家畅所欲言,集思广益,商讨解决对策。

◆ 第四个环节:如何正确处理工作与学习的关系?

班主任可以指导班干部相互交流一些工作经验,并指出:个人英雄主义的时代已经一去不复返了,只有通过团队的力量,才能提升自己的工作能力;强调班委会成员要团结协作,勇于担当,共同把班集体建设好。

3. 再次与小李谈心

小李的思想认识通过上一次谈心是否有所提高,班主任有必要对他进行后续跟进教育。

"小李同学,最近你的情绪还好吗?"(关心)

"你是一名学习上很自律的好学生,老师希望你能全面发展。"(提出期望)

"在一个班级中,同学之间如何处理好竞争与合作的关系,老师想听听你内心真实的想法。"

"今后，老师希望你能和同学们友好相处，坦诚相待，团结协作，积极进取，互相关心，互帮互助。"

理论解读

首先，运用疏导原则。本案例中，学生小李在班干部选举中落选之后，表现出无所谓的态度，也袒露了自己内心的想法。班主任针对他的价值观念进行正面引导，先肯定他的优点，理解他的想法，再帮他分析当今社会的竞争现状，晓之以理，诱导他反思。在后续教育中，又关注小李的思想动态，积极引导。

其次，运用"有的放矢，因势利导"原则。班主任在处理个别事件的过程中，不能只满足于个别事情的暂时解决，而是抓住契机，有的放矢，对学生加强教育，因势利导，提高他们的思想认识，引导他们严格要求自己，从而达到防患于未然的目的。本案例中，班主任召开了新一届班干部例会，引导干部进一步明确工作职责，学会正确处理工作与学习的关系，掌握班级管理的基本方法，进一步培养班干部的职责意识、自律意识、平等意识和竞争意识，让每个班干部树立起责任感。

49 监考教师将考场没收的作弊证据交给班主任，其中有班长的

情境呈现

期末考试刚结束，高一（1）班一位监考教师来找班主任王老师，悄悄地将考场中没收的作弊小纸条递给王老师。令王老师吃惊的是，有一张作弊小纸条竟然是班长小红的。监考教师说，自己没有告诉任何人，学生也不知道小纸条中有班长的。如果你是班主任，将怎么处理？

（来源：第九届长三角地区中小学班主任基本功大赛高中组情境模拟题第1题）

表象透视

考试作弊是缺乏诚信的一种表现，学生这样做不仅违反了校规校纪，而且对自己将来的发展会带来不利影响。案例的焦点在于，班长也是作弊者，如果不予以处理，既是对其本人不负责，更是对认真考试的学生不公平。

问题诊断

由于对考试缺乏正确的认识，一心追求分数和好分数带来的各项"红利"的诱惑，以及考试失手带来的一系列后果的威胁，如老师、家长的批评，同学的轻视，以及由此带来的自信危机。这一切，都会让学生产生考试焦虑。随之而来会有作弊问题，这似乎也在情理之中。本案例中，班长在高一期末考试中也作弊了。对此，班主任感到吃惊。班长应该是品学兼优的学生，可能是学习压力大，或者是考试功利性强，使其做出了作弊行为。监考

教师没有告诉任何人，同学并不知道班长用小纸条作弊。这对班长是一种保护，还是包庇袒护？为此，班主任应该在全面了解情况的前提下妥善处理，教育班长认识到错误，及时改正，正确对待考试。

应对策略

1. 找班长谈话，了解事情缘由

"小红，你作为班长，学习一直很努力，工作责任心强，是老师的得力助手，也是同学们心目中的好学生。而你的这次行为让老师感到很意外，说说这是怎么回事？"

"考试压力大，心里很紧张，担心发挥得不好，不仅丢面子，还要被父母责备。在这种情况下，抱着侥幸心理做出了这种行为。想要有好成绩，想要得到父母的夸奖，你的这种心情老师能理解。"

"假如你的行为没有被监考老师发现，你会怎样想，会心安理得吗？"

"每个学生，从小学读到中学，将来上大学，要经过很多次考试。每一次考试，考的不仅是文化知识，而且是一个人的诚信度。考试不作弊，更能折射出一个社会的公平、公正。只有脚踏实地地努力学习，真正掌握知识，那才是应对考试的硬道理啊！"

"任何人都会犯错误，重要的是人们能从错误中学到些什么。通过这件事，老师想你至少要懂得，做人应该诚实。对自己的这种行为，你现在是怎样认识的？"

"考试，是为了检查学生的学习效果，检验教师的教学水平，又是一个查漏补缺的环节。考试作弊，不仅对老师是一种欺骗，也是在骗自己，是对自己不负责任，更是严重地违反了校规校纪。既然犯了错，就必须承担过错所带来的后果。承认错误是一种负责任的表现，承担错误所造成的结果更能考验人的勇气。作为一名觉悟高的学生，你应写一份书面检查，写明作弊的情节及本人的认识。"

"老师希望你调整好心态，树立正确的考试观，从思想上彻底端正认识，在班级里更要以身作则，遵守考试纪律，做到诚信考试，争当全班同学学习的好榜样。老师相信你，这是第一次也是最后一次。至于这件事怎么处理，由学校商量决定。"

2. 上报学校，商讨处理办法

为了杜绝考试作弊的风气，加强对学生的思想教育，班主任将小红的情况及时报告学校政教处。政教处根据该学生的书面检查以及违纪、作弊的事实，按照学校关于考试的有关规定，对相关学生拟订了处理意见，并书面上报校长室。经学校行政会讨论，最后的处理决定如下：根据学生作弊情节以及轻重程度，考试成绩酌情扣分，并予以口头警告。

3. 与家长沟通，反馈学校意见

在所有学科考试结束之后，班主任有必要与学生家长进行沟通。

"小红家长，您好！我想向您反馈小红在学校的一些学习情况。"

"小红是班长，平时各方面表现都非常好。对这样的孩子，家长的期望高不高啊？有没有给小红很多压力？"

"现在每个家长都希望自己的孩子学习优秀，家长们的想法我能理解。"

"最近这次期末考试，小红作弊了（详细阐述事情的过程）。这件事发生在小红身上，我也很吃惊。学校根据她的作弊动机和认识态度，决定考试成绩酌情扣分，并予以口头警告。小红今后会不会背上思想包袱，或表现出强烈的逆反行为，这需要家校双方都积极关注，家长要根据孩子的心理特点加强引导。"

交流后，班主任给家长如下建议：

第一，克制自己的情绪。孩子犯了错，父母不要大发雷霆，应以积极的态度面对孩子的错误，引导孩子在改正错误中成长。

第二，帮助孩子分析作弊的危害性。要对孩子讲清楚，考试作弊是一种自欺欺人的行为，即使一时瞒过了老师，但时间长了，总会露出马脚，最终害了自己。

第三，进行心理疏导。要多关注孩子的闪光点，帮助她树立信心，享受成功的快乐。

第四，教育孩子要有气节。让孩子坚定这样的信念：宁要"诚实的失败"，不要"虚假的成功"。

第五，家长要以身作则。在现实生活中诚实守信，任何时候都不撒谎，这将会深深地影响孩子。

此外，班主任还可以适时组织召开"让诚信与我们零距离"主题班会，引导学生以诚信为做人的原则，当一个诚实守信的人，作业、考试都做到求真务实。

理论解读

首先，运用情理相融的教育原则。通过动之以情、晓之以理，思想教育收到良好的效果。本案例中，班主任与小红谈心时，怀着真诚、爱护、帮助的情感，循循善诱，但又不放松对她的要求。在考试规则面前，班主任毫不含糊，把理说透，同时以信任的目光对她寄予期望。这样的教育，学生是信服的。

其次，运用惩戒教育原则。学生成长过程中，不可避免会犯各种各样的错误，及时、恰当的惩戒是必不可少的教育手段。惩戒，是让学生对自己行为的后果承担责任，对自己的错误付出代价。没有惩戒的教育是不完善的，没有约束的成长是不正常的。本案例中，班主任虽已得知监考教师提供的情况，但没有袒护学生，而是出于爱护、负责的态度，基于学生成长的需要，给予处罚，使其警醒，从错误中吸取教训、获得成长。

最后，遵循家校协同育人理念。学生受到惩戒，会有一些思想包袱。这不仅需要教师开导，还需要家长的正面引导。本案例中，班主任及时与家长联系，互通信息，据此了解家长对孩子的期望，如实反映学生的在校表现，并针对问题提出具体建议。这样的家校沟通，能加快达成共识，形成教育合力。

第十辑

突发事件问题——运用教育机智

天有不测风云,班级里不时有突发事件出现。尽管没有一个班主任希望自己班级有突发事件,但一旦它来临,都会马上设法应对,这是职责使然。而一些性质相同的事件,其处理结果可能不一样,甚至大相径庭,这在某种程度上说,完全依赖于班主任的教育机智。

50 学生向同学扔石子而"触犯众怒"，可他在班主任面前还"撒泼抵赖"

情境呈现

二（3）班学生小伟在家受父母宠爱，纪律观念淡薄，很是自我中心。一天，他在楼上向楼下的同学扔小石子，打疼了几个学生的头，结果很多学生来告他的状，班主任将小伟叫到办公室准备教育一番。小伟走进办公室一看，来告状的人数众多，自知无法抵赖，干脆就地打滚，号啕大哭。你如是班主任，该怎么处理这一事件？

（来源：第九届长三角地区中小学班主任基本功大赛小学组情境模拟题第18题）

表象透视

本案例的问题，起于学生的行为习惯，又与学生的认知偏差以及家庭教育有关，由此引发了人际交往矛盾。问题解决的关键，是对学生的抵赖行为现场怎么处置。

问题诊断

学生的这种任性行为，有着不可回避的家庭原因。父母宠爱孩子，直至毫无原则的过度，使孩子变得一切以自我为中心，自私自利、目中无人，行事专横，无组织无纪律，从不为别人着想，更受不了一点委屈。结果自然是性格变得傲慢，人际关系不好。本案例中，学生小伟的骄横行为导致同学集体前去告状。他目睹群情义愤，自知无法抵赖，于是干脆破罐子破摔。他的这些问题行为的背后，是父母对孩子的过分宠爱。

针对溺爱型家庭出来的孩子所引发的闹剧，班主任除了及时教育处置外，还要以适当的方式向家长指出溺爱孩子的弊端，并根据学生的具体问题，对这样的溺爱型家庭予以正面引导。

应对策略

1. 疏散围观学生，安定小伟情绪

面对小伟就地打滚的状况，班主任应先疏散聚集在办公室的学生，以保护小伟的自尊心。

在周围学生都离开后，班主任马上安定小伟的情绪。

"小伟同学，这么多同学来批评你，你心里接受不了，所以哭了，是吗？你心里难受，老师理解。"

当发现自己的行为并不能引发他人关注时，小伟的情绪会冷静下来。如果小伟还继续哭闹不已，那么，在确保周边环境不会对小伟身体造成伤害的情况下，班主任可以冷处理——暂时不予理睬。相信过一段时间，小伟就会自行安静下来。

2. 对小伟因势利导，教育他换位思考

"小伟不哭了，现在你心里是怎么想的，能告诉老师吗？"

"老师相信你，你不是故意用小石子扔同学，把他们砸疼的。"

以此让小伟觉得老师没有站到他的对立面，来批评、教育他。

"每个孩子遇到不开心的事，心里都会有负面情绪。你碰到让自己不开心的事，就又哭又闹。那么那些被小石子扔疼了的同学，来向老师诉苦，是不是也说明他们不开心啊？"

"如果有同学也拿小石子扔你，你不疼吗？"

"你觉得难受后，会来告诉老师吗？"

"所以,今天同学们把这件事告诉老师,是不是很正常?"

"不管是有意的还是无意的,今天你扔石子这件事做得不对。接下来,你觉得自己应该怎么做?"

"偶尔做错了事,也是在所难免的。重要的是,知错就改才是好学生。男孩子更要敢于担当,对自己的行为要担起责任。现在老师陪你一起去向他们说声'对不起',好吗?"

"老师经常对同学们说'己所不欲,勿施于人'的道理,你还记得吗?它的意思是,自己不喜欢的事,也不可对别人做。你在家里,是父母的宝贝,其他同学也都是家里的宝贝啊。你受伤了,爸爸妈妈、爷爷奶奶都会心疼。那些被石子扔疼的同学的爸爸妈妈、爷爷奶奶,知道后也会心疼的。"

3. 与小伟父母沟通

在溺爱型家庭中,即使孩子犯了错,家长也认为很正常,不是什么大不了的事情。如果他们的孩子和其他同学发生冲突,他们往往会偏听偏信自己孩子的一面之词,总认为自己的孩子是对的,错的都是别人。所以,与小伟的父母交谈时,班主任要注意沟通技巧。

"小伟家长,您好!我想和您聊聊孩子最近的情况,小伟在家表现如何?"

"最近,小伟在学校的表现总体上有进步,上课认真听讲,作业正确率高,也很听老师的话,人变得懂事多了。"

"但是今天小伟有点调皮,从楼上往楼下扔小石子,砸在几个同学的头上和身上,被打疼的同学都来向我反映。对于这件事,您如何看待呢?"

"确实,小伟的行为可能是无意的,就是爱调皮了一点。可是从楼上扔石子是十分危险的,如果不巧砸伤了同学,事态就严重了。每个孩子都是家长的心肝宝贝,如果自己的孩子在学校受伤,家长肯定会在第一时间向学校讨个说法。好在今天没有学生破皮流血,这算是万幸了。作为家长,谁都不希望这样的事发生在自己孩子身上。"

"小伟看到很多同学来向老师反映,就在办公室的地上打滚,还大哭大闹。平时，他在家里也会这样发脾气吗？"

"这是孩子任性、受不了委屈的表现。可能在家里，家长事事哄他、宠他，久而久之，就养成习惯了。"

"不过，今天我和小伟谈话后，他态度非常好，还主动向同学们道了歉。这说明小伟也认识到了自己行为的不妥，这让老师看到了他进步的地方。其实，这孩子还是很懂事的，关键在于我们大人要正确引导。"

"做家长的，都是爱自己孩子的，但爱的方式方法要讲科学。如果一味地宠爱，孩子就会变得自私自利，不懂感恩，也不会交往，此类问题对孩子成长极其不利。因此，向您提几点建议供参考：一是不能袒护孩子的过错，二是夫妻俩对孩子的教育要一致，三是多学一些育儿知识。"

理论解读

突发事件的处理，针尖对麦芒式的思路往往会产生火上浇油的后果。对这一事件，班主任遵循了疏导原则，临场应变，进行了"冷处理"。当学生小伟情绪激动，表现出比较极端的反常行为时，班主任没有大声喝止，或直接严厉批评，而是以稳定学生情绪在先，再进行疏导说理。同时，班主任意识到学生的这类问题与家庭的影响密切相关，虽然遇到了溺爱孩子的家长，但还是坚持基于家校合作教育的原则，积极争取家长的配合。为此，班主任以适当的方式向家长指出溺爱孩子的弊端与危害，并引导家长让孩子学会如何独立处理人际关系。

51 主题班会上，学生展示的家务劳动照片被曝光是"摆拍"的

情境呈现

在一次与劳动教育有关的主题班会上，班主任出示了学生在家劳动的照片，有包饺子的、有洗碗的、有打扫卫生的、有整理房间的、有烧菜的……还特别表扬了小芳的拿手好菜。这时，小明小声说："小芳告诉我，那个番茄炒蛋是妈妈做好了让她拍的。"小芳则大声对小明说："你也说过那盘饺子里只有那个最难看的露馅的是你自己包的。"此时，又有学生说，那个房间整理也是做做样子的，那些个碗盆本来就是干净的，等等。如果你是班主任，这个主题班会将如何进行下去？

（来源：第九届长三角地区中小学班主任基本功大赛小学组决赛情境模拟题第5题）

表象透视

本案例中，一些学生"晒劳动成果"的照片被当场揭穿，原来都是"摆拍"的。此事涉及诚信，问题的焦点是这节班会课将如何开下去。对班主任的教育机智，那实在是一场考验。

问题诊断

主题班会课是对学生进行思想教育的重要阵地，也是考察班主任综合教育能力的一个专门场所。这节班会课的主题是劳动教育，旨在引导学生树立正确的劳动观，懂得如何做一些力所能及的家务，以此促进学生形成良好的

劳动习惯和积极的劳动态度。班会课上晒出的一些劳动成果，被指不是学生自己做的，而是借了家长之力。其中原因有这几个方面：一是有的家长觉得孩子做不好，还要给自己添乱，不如就自己做了；二是有的家长认为，这些家务比较简单，孩子长大了自然会做；三是有的家长心疼孩子吃苦受累，不让孩子参加劳动；四是每一个人都希望得到别人的赞美，孩子更是如此，所以家长就代劳了。因此，班会课上展示的是学生家务劳动的"摆拍"作品，而如何应对这类场景，自然是班主任的一项基本功。

应对策略

1. 现场讨论

班会课上，班主任听到几个学生在小声议论，便因势利导。

"刚才有同学说，小芳那个番茄炒蛋，是妈妈做好了让她拍的，小明那盘饺子，只有一个是自己包的，那个房间整理是做做样子的，那些碗盆本来就是干净的。看来，我们班一些同学的劳动作品都是'摆拍'的。"

"同学们，大家一起来讨论'学生劳动该不该摆拍'，说明你的理由。"

学生讨论并交流之后，教师再引导。

"同学们还是非常明理的，劳动不该'摆拍'，因为这样做缺乏诚信。"

"那么，请同学们说说'摆拍'背后的原因是什么。"

学生讨论并交流后，班主任进行总结。

"有的同学'摆拍'，是因为家长过度包办代替。其实，现在不会做家务没关系，只要自己肯学，一定会掌握劳动本领。但是，如果让家长包办代替，你们就失去了劳动机会，劳动能力难以得到培养。因此，同学们都要积极主动参与家务劳动，从不会到会，从做得不好到做得非常好。大家说，好不好？"

教师的循循善诱，激发了学生的劳动意识，大家纷纷表示要争取做光荣的劳动者。

2. 组织家长沙龙

为了让家长重视孩子的家务劳动问题，班主任可以组织一次家长沙龙，活动设计以下四个环节。

◆ 第一个环节：案例分析，引发思考。

首先呈现媒体报道的案例"23岁小伙子饿死在家中"，然后提出问题：在为这样一个年轻生命的消逝感到痛心的同时，家长们还有什么想说的？

家长互动讨论，教师概括：孩子懒惰成性，并非一朝一夕养成的；父母长期无微不至的呵护溺爱，使孩子整天沉迷于舒适安逸的生活中，逐渐丧失了独立生活的能力。可以说，培养孩子的劳动技能就是培养孩子的生活生存技能。

◆ 第二个环节：剖析现象，审视当下。

出示漫画《小明的一天》，有如下几幅。

画面1：清晨，家长替小明挤好牙膏，旁白语"小明快来刷牙"。

画面2：放学回家，家长在忙家务，孩子在看电视、吃零食。

画面3：晚饭后，小明说：今天我来洗碗。爸爸说：你就别添乱了，赶紧去做作业。

画面4：小明在呼呼大睡，家长在整理书桌和孩子的书包。

班主任提问：这些现象，是否普遍存在？家长看图说话，纷纷议论。

◆ 第三个环节：问题诊断，寻找原因。

播放学生的话（事先录音）：

"我们家的家务都是爷爷奶奶做的，爸爸妈妈也不做。"

"妈妈根本不要我劳动，就是让我好好学习，把作业做完就行。有时候想帮家里洗碗，他们说这些活大人干，你赶紧进屋去做作业吧。"

"寒暑假作业中安排了'帮妈妈做家务''养动植物''学习包饺子'等内容，家长才让我们做。平时，是不会主动要我们做家务的。"

"有一天早上，我起床后把自己的被子叠好了。妈妈说我叠得不整齐，又重新叠了一遍。结果一边叠，一边还说我越帮越忙。"

班主任接着提问：这样的情况，你们家里有吗？家长互动，教师概括：看来，宠爱也是削弱孩子劳动意识的原因。

◆ 第四个环节：正面引导，领会内涵。

首先，强调让孩子劳动，顺应了他的天性。家长要采取"大人放手，孩子动手"的原则，把握这个时期孩子的心理特点，因势利导，在保证孩子安全的前提下，放手让孩子去做力所能及的事。

其次，阐释劳动能促进孩子智力、非智力因素的发展。对于小孩子来说，劳动可以使双手和大脑得到协调发展，可以使脑细胞得到更多的刺激，从而加快脑细胞的发育成长，促进孩子的智力发育。同时，让孩子进行劳动锻炼，能减少他们对家长的依赖心理，促进孩子独立意识、创造意识的形成。

再次，明确家务劳动可以让孩子感悟到劳动的价值。劳动教育不仅能培养孩子的劳动技能，而且可以锻炼孩子的意志品质，为他们将来自立于社会打下基础。

最后，向家长提出以下三点建议：

一是以身作则，父母要多做家务，给孩子树立榜样。

二是和孩子协商，设定适合孩子的家务小岗位，每天劳动打卡，并给孩子必要的指导、监督。

三是做好记录和评价，鼓励孩子的点滴进步；适当积累影像资料，为学生建立一份劳动小档案。

| 理论解读 |

家务劳动变成"摆拍"，用来应付老师的检查，这是这次突发事件引出的问题。针对这个问题，班主任首先因势利导，让学生讨论分析"摆拍"的原因与害处。同时，引导学生要诚实做人，树立劳动光荣的意识。其次，分析学生缺乏劳动意识和劳动技能低下的原因，如父母自己不爱劳动的行为潜移默化地影响着孩子；父母宠爱孩子，导致包办代替；孩子独立做事，家长责备过多等，从而得出学生做家务劳动的最大阻力来自其父母。为此，组织一次有关劳动教育的家长沙龙，通过案例分析、问题诊断、正面引导、提出

建议，促使家长进一步转变观念，增强教育孩子的责任感，要求家长给孩子提供合适的劳动机会，并给予必要的指导、监督。这次事件的处理，彰显了教师的教育机智。将家校合作教育的平台建立在家务劳动实践上，引导家长培养孩子在小学阶段至少掌握若干项家务劳动技能，养成良好的劳动习惯，从而不断提高孩子的生活自理能力和水平。这种好习惯能辐射到学生成长的各个方面，并使其终身受益。

52 在"致敬最美逆行者"班会课上，个别学生的言论背离主题

情境呈现

在"致敬最美逆行者"班会课上，屏幕正播放一些护士的光头照片，并且称她们为最美的"卤蛋"。班级学生的眼中露出了敬佩之情，可男生小王却突然大笑道："哈哈，光头，像尼姑啊，好丑！"随后，全班笑成一团。如果你是班主任，当时会如何应对？

（来源：第九届长三角地区中小学班主任基本功大赛初中组情境模拟题第 3 题）

表象透视

本案例中，在严肃的主题班会上居然发出了不和谐的声音，看似意外，实则表明学生的价值评判标准出现了问题。这种突发事件如何妥善应对，对班主任的教育机智是一次不平常的考验。

问题诊断

什么是美，或者说美是什么，那是人的一种主观感受。当然，人类在审美观上是有共同点的，但也是有差异的。一个人认为是美的对象，别人并不一定认其为美；同样，被认为是丑的对象，也会有人认为是美的。问题的焦点在于，人们用什么样的标准看待或评判美。应该说，对外在美的定义，比较容易取得一致；至于内在的美，更多地要与德行联系起来。所以，人们认同由善恶好坏来定义"美"，也就是能给大家或人类带来幸福、和谐的人和

事物，是美的。美，可以有不同的形式，而美德却是能让每个人都感受到，并被世间认同的。

在"致敬最美逆行者"班会课上，一名男生面对护士剃光头的照片却说出了"好丑"的评语。这是因为在日常生活中，女性的美通常首先体现在发型上，学生这么说，是他对"美"的理解还停留在浅层次上。而全班学生笑成一团，也道出了他们潜意识里的真实想法。这件事说明，对初中生进行审美观教育不可小觑，很多学生对美的理解还是比较模糊的，如何让学生领悟事物"美"的内涵，更需要班主任积极引导。

应对策略

1. 班会课上，因势利导

针对学生小王的言论，班主任提出了两个问题。

问题1："小王同学，你说说，为什么'好丑'？"

（预设：学生认为光头像尼姑，形象上不好看。）

教师："你能大胆说出自己的看法，这点很棒。"

问题2："刚才，好多同学也都笑了，似乎赞同他的观点，哪个同学说说，你笑的原因是什么？"

（预设：小王同学的话有点儿道理。）

教师："同学们这个想法，也能理解。试问，哪个女孩不爱美？除了五官，女孩最看重的是头发。老话说，'身体发肤，受之父母，不敢毁伤，孝之始也'。一位女护士，剃去长发，变成光头，从外表看，确实不美了。"

引导学生一起看一段视频，并解说："同学们，这是援助湖北的护士在出征前，为了方便穿戴防护服，选择剃光头的壮举。"

问题3："请同学们仔细看视频，当时护士们是什么样的表情？"

教师："可以发现，护士们剃光头时的表情很复杂。有的人剃完头后闭着眼睛，不忍目视镜子。眼睛是心灵的窗户，尽管她们全程都戴着口罩，但从她们当时的眼睛里还是透露出一头乌黑靓丽的秀发被完全剪掉后的一种无言的心疼。"

问题4:"我看到一些同学眼中露出了敬佩之情,谁来说一说自己的内心感受?"

(预设:他们是最美的逆行者。)

教师:"讲得非常好!这些护士是最美的逆行者,她们在拯救生命和爱美之间,选择了生命。这,就是一种美德。"

小结:这次新冠肺炎疫情来临后,最初剃光头的护士,是武汉大学人民医院东院区神经内科的90后护士单霞。她为了更方便进行个人防护和日常打理,才选择了剃光头。从单霞的剃光头前后的照片中,我们能够感受到她的那份从容与自信。现在,大家一起来看她发在朋友圈里的信息。

问题5:"这次疫情中,除了护士,还有哪些是我们敬佩的最美逆行者?"

(预设:警察、快递员、社区志愿者等。)

小结:通过这节课的讨论,大家对最美逆行者的"美"有了新的认识。这种"最美"的内涵,体现在他们身上有一种敢于担当、勇于奉献的精神,一种朝气蓬勃、向上向善的力量。他们以自己的行为凸显人性的纯真与善良、大爱的胸怀、忘我的精神和进取的锐气。他们的身上,镌刻着鲜明的印记:热血、独立、乐观、坚强以及信念。

2. 聚焦典型人物,学写颁奖词

出示制作好的思维导图,引导学生聚焦其中一个或一群最美逆行者,尝试为自己选定的典型人物撰写颁奖词。课后,宣读自己为逆行者写的颁奖词,并摄录成视频或音频。同学之间以"事迹+精神+赞美"为标志,评价、修改各自所写的颁奖词。

3. 延伸活动

每人将制作的视频或音频上传班级群,传递向上、向善、向美的正能量。除了宣读,每人还可以用自己擅长的方式呈示颁奖词。如把颁奖词写成书法作品,拍照上传;或给颁奖词配上图画,做成绘本上传等。

理论解读

主题班会是对学生进行思想教育的重要阵地，一节好的主题班会课，除了要有核心内容，有活动支架，还要有针对生成性问题的预案，以及能临场应变的教育机智。疫情期间发生的许许多多的感人故事，本身就是教育的好素材，班主任应该充分利用这些资源对学生进行主题教育。

课堂上，面对学生中出现的不和谐声音，班主任要创设多样的互动平台，让大家畅所欲言。通过对话，引导学生树立正确的价值观。在这一过程中，学生中会出现多种观点，他们的认识具有不可预测性和随机性。这就要求班主任根据活动中学生暴露出的问题，善于捕捉生成的素材资源，进行价值判断，及时教育与引导。这期间，不要简单地给学生贴上"对"或"错"的标签，而可以用"如果是我，就……，因为我认为……"的表达方式，表明自己的态度。此外，还可以通过质疑、因果分析、价值辨析等方法，将学生的价值取向转到社会提倡的价值取向上来。在这个过程中，班主任自身必须先有一个"价值判断样本"，这样才能有效地开展价值观引导。

53　学生决定辍学做主播，家长微信群里引发热议

> **情境呈现**
>
> 在八年级（3）班家长微信群里，家长们正在热议。原来是这个班上的学生小明，双休日做游戏直播，收获一千多粉丝，自己也有了一点收入。但他的家长竭力反对，发生争吵后，小明决定辍学做主播。对此，家长们的观点大致分为两派：有的认为孩子精力有限，应该以学习为主，做游戏主播为时过早；有的则认为，孩子只是在双休日做直播，再说能收获这么多粉丝也表明孩子有这方面的天赋，应该好好培养。如果你是班主任，会怎么做？
>
> （来源：第九届长三角地区中小学班主任基本功大赛初中组情境模拟题第 11 题）

表象透视

本案例中，学生做网络直播这件事有偶然性，但能引发家长们热议，其中应有必然因素，微信群"功不可没"。因此，如何发挥现代信息技术的正向功能，使之有利于班级教育，有助于开展家教指导，又是对班主任教育机智的一种考察。

问题诊断

当下，网络直播作为一种新兴的信息发布手段很是火爆。在直播平台上，粉丝们可以通过买虚拟的花、跑车来表达对直播者的喜爱。每种礼物对应不同数额的点券，直播者可以利用自己积累的点券换取人民币，从而获得

收益。只是，直播行业如何面对未成年人，已成了要解决的现实问题，而且带有紧迫性。初中学生小明在直播游戏中尝到了"甜头"，虽然家长竭力反对，但他却决定辍学做主播。类似小明这样未成年人做主播的例子，至今已为数不少，有的俱乐部也会请这些人去做直播，让其赚点外快。

对此，中国青少年宫协会媒介与教育工委会常务副主任张海波分析，青少年沉迷直播有多个原因，从未成年人心理发展看，10—14岁属于"青春期前期"，他们对与人交往、被人认可的需求极为突出。在现实生活中，孩子们的朋友圈是有限的；在直播平台上，孩子们面对的却是来自各个年龄层的、更为复杂的群体；再加上做主播的门槛较低，还可以收到打赏，这便能快速满足孩子们的需求，甚至让他们"上瘾"。

家长们对这个话题很感兴趣，纷纷在微信群里各抒己见，微信群也渐渐变了味。针对中小学生能不能做直播这个话题，班主任要及时进行正确引导，社会各界也要给予关心。

应对策略

1. 班主任面对家长微信群热议，应马上阻止讨论该话题

各位家长，大家好！《班级微信群守则》规定，微信群是家校互相沟通、学习交流的平台，不是解决班级中某个事件的场所，也不是探讨网络直播这类话题的地方。家长如有需要老师帮助解决的问题，可以直接打电话联系，不宜放在群里发布。一是事件可能过于复杂，教师一人解决不了；二是有些家长不一定了解情况，容易产生误会。关于中学生可不可以做网络直播这个问题，既然大家很感兴趣，我们届时会组织家长沙龙，邀请部分家长进行探讨，希望大家理解！

2. 找小明谈心

听说小明要辍学在家，班主任上门家访。

"小明同学，你双休日做直播游戏，收获了一千多粉丝，还有了一点收入，这说明你很聪明啊。"

"看来，网络直播容易赚钱，你是不是很有成就感？"（预设：是的）

"你有这个本领，很了不起，老师也感到高兴。"

"那么，你告诉老师，你真想放弃学习做直播吗？"（预设：支支吾吾）

"一个14岁的孩子，如果放弃学业做网络直播，那么他的知识储备能不能跟上网络发展的需要呢？"

"你们这个年纪，正是长知识、增本领的时候，只有打好文化基础，将来想做什么，选择的范围会更广。如果仅仅在双休日做做直播，那也未尝不可。但是一定不能影响学习，否则得不偿失啊！"

3. 组织家长沙龙活动

班主任先说如下一段开场白："在现实生活中，家长发现孩子沉迷于直播后，有的会像电视剧里上演的那样，如坐针毡、大发雷霆，没收手机、电脑，断开家里的 Wi-Fi；也有的举双手支持，好像发现了全家挣钱的'新大陆'。"

然后提出问题：家长发现孩子迷恋直播，怎么正确处理？由此，请家长一起探讨这个问题，引导大家谈谈自己的观点。

再提问：现在青少年"触网"的年龄越来越早，直播为他们提供了一条休闲娱乐并获得打赏的便捷渠道；由"打赏"获得的短期利益，难道是家长追求的目标吗？

引导：家长对孩子上网行为的关注越早越好，发现孩子观看不良视频，应该马上制止并讲明道理，同时采用一些网络软件，合理限制孩子的上网行为。目前网络直播的内容良莠不齐，没有任何分级，有些内容打擦边球，甚至涉及低俗色情，未成年人过早参与直播，危害很明显。

继续提问：直播平台以盈利为目的，让孩子赴一场会荒废学业的直播旅行是否值得？

引导：孩子正处在学习的关键期，家长的长远眼光和耐心劝导至关重要。

理论解读

《中国未成年人网络保护法律政策研究报告》建议，限制14岁以下儿童开直播、发视频，仅允许其在父母同意或陪伴下使用。对此，有家长呼吁多方共治："直播平台应从实名注册这一关开始，防止未成年人做主播，而法律要对违反规定的平台予以惩治。"中国政法大学知识产权研究中心特约研究员赵占领表示，目前，对于网络直播进行规范的，主要是《互联网直播服务管理规定》，这其中并没有对直播的年龄及权限进行规定，目前也没有其他法律、法规、政策文件或行业标准有这方面的规定。

未成年人做主播的目的，可能有两种：一是纯粹为了娱乐，这种爱好没有理由禁止，只需要对其行为进行规范，如有违反法律规定的，直播平台及监管部门可以进行处罚；二是以获取打赏、赚取收入为主，这属于营利，现有法律法规禁止用人单位雇佣童工（个别特殊情况除外），但主播与直播平台两者不是劳动关系，只是合作关系，不存在非法雇佣童工的问题。在这种情况下，赵占领建议，对于未成年人做主播，应该严格规范其行为。同时，直播平台应该引导未成年人主播坚持正确导向，大力弘扬社会主义核心价值观，培育积极健康、向上向善的网络文化。

作为家长，应该与孩子进一步加强沟通，用孩子容易接受的方式，教育孩子形成良好的行为习惯和思想观念。学校也要对参与直播的学生加强教育，引导他们提升自律能力，并呼吁政府有关部门加强监管，推动行业进一步自律，为未成年人群体提供一个绿色安全的网络空间环境。

54 还未开学,任课教师被换一事引起学生不满

情境呈现

高二开学前的一次返校日,学生得知大家喜欢的年轻英语教师周老师不再任教本班,将去新高一接班,学校安排年迈的李老师来教英语。他们一时接受不了,准备集体去找校长。班主任正走到教室门口,看见一群学生气呼呼地从教室里出来,要去校长室。如果你是班主任,该怎么办?

(来源:第九届长三角地区中小学班主任基本功大赛高中组情境模拟题第 16 题)

表象透视

本案例中,由于学生对前任英语教师的信赖,以至于做出了不理智的举动,这可能会给新学期的英语教学带来隐患。如何协调新的师生关系,需要班主任利用其教育机智。

问题诊断

师生关系是维系教育教学顺利开展的一条重要纽带,良好的师生关系是学校工作正常运转的基本保证。本案例中,学生接受不了英语教师换人,其中主要原因来自教师的年龄。和年迈的老教师相比,年轻而且与学生相伴已一年的周老师优势明显。她在教学实践中与学生建立了深厚的师生情谊,赢得了他们的喜爱。学生也对老师产生了情感依恋,都不愿意她离开。可以这么说,年轻教师有活力,思想观念和学生较接近,所以深受学生欢迎,因而

学生在心理上就比较排斥年长教师。遇到这样的事,班主任应该迅速做出反应,及时阻止学生不理智的行为,并安抚他们的情绪,然后再正面引导。

> **应对策略**

1. 及时阻止,安抚情绪

当班主任走到教室门口,看见一群学生气呼呼地从教室出来,准备去找校长时,应该及时阻止,安抚学生的情绪。

"同学们,你们此刻的心情我能理解。但是,情绪化的语言和行为并不能解决任何问题,大家能不能听老师的话,回到座位上?"(缓解情绪)

"大家先冷静一下,然后再说一说现在的想法。"(让负面情绪得到宣泄)

"非常生气、很不甘心……这些都是你们的心里话吧?一个人生气的时候,他的言行常常缺乏理智。你们这样贸然去找校长,会造成什么样的后果?李老师知道了你们的做法,心里会有什么感受?所以,希望同学们先控制一下自己的情绪。"

2. 抓住契机,因势利导

"现在,我想听听你们这么做的理由。"(倾听)

"你们说的,我也感同身受。过去这一年里,周老师和同学们像朋友一样融洽相处。你们喜欢周老师讲课,与周老师有共同的语言,结下了深厚的师生情谊。"(同理心)

"其实,在我们学校,像周老师那样的老师有很多,他们就像和煦的春风,托起学生翻动理想的翅膀,在知识的天空中翱翔。他们又像爸爸妈妈一样,疼爱着每个学生;像大哥哥大姐姐一样,和大家说着知心话。将来,你们还会遇到许多风格不一的老师,应该从不同老师的身上汲取更多的营养来丰富自己,促使自己成长。'亲其师'而不要'依赖其师',更不要因为喜欢一棵树而拒绝一片森林的风景。同学们如果稍加留意,就会发现有很多像周老师那样的老师也在关心学生、呵护学生,所以你们应珍惜每一段师生情。"(引导)

"同学们可能不了解李老师,那我就来介绍一下。李老师教学基本功扎实,经验丰富,他的教学方法经过千锤百炼,非常有效。李老师教过的历届学生在高考中都取得了非常不错的成绩。同学们,学习能成功的关键,是对自己负责。不论是老教师还是年轻教师,对他们都要以感恩的心去接纳。能受到不同老师的教育,是大家有缘。这样不仅可以让你们学到更多的学习方法和不同的思维方式,也培养了大家的适应能力,从而让同学们的学习生涯更美好。"

3. 提供建议,商榷同行

为了引导学生表达对周老师的感恩与不舍之情,班主任可以建议学生回家制作一张精美的贺卡,写上祝福的话语和自己的心愿,在开学初、教师节前送给周老师。同时,与李老师商量,策划新学期与学生的第一次见面会。

| 理论解读 |

首先,运用蕴含机智的教育策略,积极、果断地应对。班主任如果一遇到这种事情就大发雷霆,那只会失去理智,把事态扩大,甚至影响未来的师生关系。本案例中,班主任运用共情原理,在第一时间就表现出理解和接纳,这对负面情绪强烈的学生来说是最大的安抚。然后,班主任引导学生倾诉这么做的理由,帮助学生缓解那些不可掌控的情绪,促使学生学会主动调整情绪。

其次,采用积极疏导原则。偶发事件中,必然会有平时对学生疏于教育的因素,使事情的发生存在潜伏期。只要遇到适合的时间与场合,它就爆发了。本案例中,学生对周老师的情感依赖是可以理解的。但因为换了教英语的老师,一时接受不了,而集体去找校长这种行为无形中伤害了李老师。对此,班主任因势利导,教育学生学会感恩、学会接纳,不仅培养学生热爱、尊敬老师的情感,而且促使他们努力勤奋,积极向上。

第十一辑

兴趣爱好问题——全面协调平衡

青少年时期,学生的兴趣爱好就像春天里的百花园,千姿百态,争奇斗艳;又像夏日中的天气,晴雨不定,说变就变。班主任的责任,就是根据学生不同的个性特长,提出合理的建议,促使每个人的兴趣爱好得到平衡发展。

55 孩子参加击剑训练后学习成绩下降，家长要其退出击剑队并辞去班干部职务

情境呈现

五年级女生小韩学习优秀、活泼开朗，在学校开设的击剑课程中成绩更是"鹤立鸡群"，被体育教师选为校队成员，每星期定期参加集训。可是两个月后，小韩在学科测验中成绩一落千丈，她的父母认为击剑训练影响了孩子的学习。于是来找班主任，除了要求小韩退出击剑队，还以即将面临升学为由，要求她辞去班干部职务。如果你是班主任，会怎么做？

（来源：第九届长三角地区中小学班主任基本功大赛小学组决赛情境模拟题第1题）

表象透视

本案例中，学生因为参加击剑训练而影响了文化课学习，体育兴趣与日常学习两者的关系如何把控，并在动态中实现平衡成了问题，而问题的解决需要班主任动用自己的教育机智。

问题诊断

五年级学生小韩在测验中成绩一落千丈，她的父母认为原因是孩子参加击剑训练后，没有时间与精力学习。于是，提出让孩子退出击剑队、不当班干部的要求。个人兴趣与学业究竟如何把控，一直以来都是一个没有准确答案的问题。因为每个学生的性格、经历是不同的，所以平衡这两者的决策不

能一概而论，一定要结合学生的具体情况来考虑。这个问题让很多教师或家长矛盾不已，举棋不定，感觉很难抉择。

| 应对策略 |

1. 及时与小韩沟通，听取真实想法

"小韩同学，你在学校的击剑特色班表现出色，教练说你是'鹤立鸡群'，在体育方面有天赋、有潜力，我听了也非常高兴。现在，你能说说自己的真实想法吗？"

"你真心喜欢击剑运动吗？"（预设：喜欢或者一般。）

"参加击剑运动，影响了你的学习吗？"（预设：影响到了，因为训练后很疲劳，没有精力再复习功课了。）

"最近这次考试，你的学习成绩明显下滑，能否说说主要原因是什么？"（预设：我没有好好复习。）

"在老师看来，目前你在处理兴趣与学习的关系方面还缺少经验。如果只顾兴趣爱好而影响了学习，甚至荒废学业，这对一名学生来说是得不偿失的，你说对吗？"（预设：默认。）

"那么，在不影响学习的前提下，你可以做怎样的改变？"（预设：合理安排时间，注意劳逸结合。）

2. 与家长沟通，排解对方烦恼

与小韩家长一起探讨：当孩子的兴趣遇上成绩时，如何帮助她协调两者的关系？

场景预设：首先请小韩妈妈谈谈自己的想法。小韩妈妈认为：

每个人的时间、精力都是有限的，孩子参加击剑训练，过度透支体力，回到家后作业又做不完，只想休息。虽然退出击剑队，孩子不情愿，但是有舍才有得。五年级是小学的非常时期，马上要升学考试了，孩子学习繁忙，样样都得花精力，所以就不必在乎这兴趣了，而且班干部也不要做了。

针对家长的内心独白，班主任做如下回应：

小韩妈妈，您的心情我理解。学习是学生的主要任务，但孩子的成长不仅仅是这几门功课的学习，而且应该在德智体美劳各方面得到全面发展，这样才能成为人格健全的人。

兴趣与学业的关系，需要辩证地看。孩子参加击剑运动，不仅是为了强身健体，更可以培养不屈不挠的精神。孩子如能把这种精神迁移到学习上，那就更是好事。

现在，孩子在处理兴趣与学习的关系方面出了问题，家长要做的不是简单地"堵"，而应是正确地引导。只要孩子爱学、愿意学，家长和老师就应该支持。如果一味地为了学习成绩而剥夺了孩子的兴趣爱好，那么其结果一定不是我们所期望的。很多时候，适切的支持，而不是强迫，才能让孩子有信心、勇气和力量去坚持做好一件事。

3. 帮助小韩制订学习与训练计划

班主任上门家访，家校协同努力，教育引导小韩。小韩也认识到了自己的不足，找出成绩下滑的真正原因，并通过老师和家长的引导与帮助，制订了一份比较详细的学习与训练计划。在实施中，逐步养成合理分配时间的习惯，不仅积极参加击剑训练，而且也有充分的时间投入学习。

理论解读

本案例首先运用了尊重教育的原则。尊重教育，其核心就是基于学生的身心特点，尊重其人格和权利、兴趣和个性，从而培养学生的创新精神和实践能力，使他们富有生活的勇气、向上的热情、创造的激情和社会责任感。学生喜欢击剑运动，本应该是好事，但因为参加训练而影响了学习，家长觉得得不偿失，要求退出。面对这一情况，班主任本着尊重的理念，循循善诱，引导学生正确处理兴趣与学习的关系，从兴趣中获得战胜困难的毅力。

其次，运用了疏导教育的原则。疏导就是以理服人，提高家长与学生的认识，促使其改进行为。本案例中，班主任采取双向交流的方式与家长沟通，先是鼓励家长充分发表自己的观点和想法，接着通过说理改变家长不正确的看法，促使家长自觉认识其不足，帮助家长排解面临的困惑。

最后，运用了协同育人原则。基于培养适应社会发展需要的人的目标，班主任要与学生家长互相配合，共同承担教育责任。本案例中，教师本着同理心，对家长的烦恼表示感同身受，在与家长沟通中给予正确的家教指导，并与家长共同协商制订符合小韩成长需求的、能让她接受的学习与训练计划，以此帮助孩子解决目前遇到的困难。家庭和学校达成教育的一致性，以引导孩子正确处理兴趣与学习的关系，使兴趣变为动机，一定能促进学生学习进步，健康成长。

56 学生沉浸于科技社团而影响了正常学习，班主任找其谈话，他却以"创新"回应

> **情境呈现**
>
> 九年级（1）班学生小明是学校科技创新社社长，他热衷于社团活动和科技小发明，学校也给他及社团提供了充分支持。由于他过于沉浸在个人兴趣爱好中，影响了正常的学习，无故缺课、不完成作业，甚至违反学校一些规章制度。班主任找他谈话，他振振有辞地说："我要成为一个创新型人才，创新就是勇于突破，你们不要用一些条条框框来束缚我。"如果你是班主任，会如何处理？
>
> （来源：第九届长三角地区中小学班主任基本功大赛初中组情境模拟题第15题）

表象透视

本案例中，问题的聚焦点是参与社团活动与正常学习发生矛盾。如何使两者不冲突，需要班主任有效引导与协调。

问题诊断

随着素质教育的不断深入，社团活动在开阔学生视野、锻炼学生能力、发展学生个性特长、培养学生兴趣爱好方面的作用越来越明显。对学校来说，它也营造了文化氛围，彰显了办学特色，为校园生活增添色彩。案例中的学生小明，非常热衷于社团活动，沉浸在兴趣爱好中，但他没有意识到，缺乏扎实的知识基础，何以进行科技小发明。而且，一味沉浸于社团活动，

荒废学业更不可取。针对学生的这种情况，班主任要晓之以理、动之以情，耐心开导，并及时与家长取得联系，达成共识。在家庭的配合和支持下，通过主题班会的形式教育小明，引导他懂得创新型人才需要哪些要素。

应对策略

1. 个别谈心

"小明同学，你是一个聪明人。在科技创新活动中，你喜欢做实验，有探究意识和实践能力，能发表自己的独特见解。对你的这些表现，老师非常欣赏。"

"在社团活动中，你有哪些感受？"（预设：参加社团活动，没有任何压力，非常愉快，让自己充满活力，充满遐想，充满创造力。）

"要成为创新型人才，说明你有远大的志向。那么，你想一想，创新型人才需要具备哪些素质？"

"创新型人才首先要有丰富的科学文化知识，这样才能多维度进行思考，也为创造力培养提供可能。不仅如此，创新型人才还要掌握多门学科的知识，拥有'跨领域'的本事。"

"试想，一个人如果没有扎实的科学文化知识做根基，能成为创新型人才吗？"

"可以肯定地说，良好的基础知识是培育创新成果的沃土，优秀的创新成果都拥有很高的科技含量；没有坚实的知识积累和深厚的文化底蕴，是不可能孕育出发明创造的。你说说看，自己现在学习上的表现如何？"

"创新型人才应该是全面发展的人，一个人如果没有正确的世界观，没有良好的道德品质，不仅不能成为一名合格的创新型人才，就是作为一个健全的人也是有困难的。因此，老师希望你学好文化知识，为创新打下扎实基础，做一个遵纪守法的好学生。"

2. 家校沟通

根据小明的最近表现，班主任要及时与其家长取得联系，反映小明的学习情况，商量解决问题的对策。

"小明家长，您的孩子在科技方面有浓厚兴趣，喜欢探究。他还担任了学校科技创新社的社长，有一定的组织能力。在科技活动中，孩子的观察能力、分析问题、解决问题的能力，以及创新思维能力都有不同程度的提高，这是非常值得骄傲的。"

"现在，家长对孩子有什么期望啊？"

"'物极必反'的道理我们都知道吧，小明现在最大的问题是过于沉浸在自己的兴趣爱好中。这已经影响到正常的学习了，比如不做作业、无故缺课等。这样发展下去，后果可想而知，不要说成不了创新型人才，就是完成基本的学业任务都很难。"

"作为家长，看到孩子目前的学习状况，您有没有什么想法？"

"在此，我向家长提几点建议。首先，要理解孩子的兴趣爱好，并进一步了解孩子的优势、特长。其次，要和孩子深入沟通。针对孩子过于痴迷兴趣爱好，以至于影响学习成绩的问题，要多进行开导，纠正他的认知偏差，引导他按事情的轻重缓急，做好学习计划，排好时间顺序，提高学习效率，减少花在兴趣爱好上的时间，以免本末倒置。最后，要做孩子的良师益友。适当地给予监督和辅助，相信孩子一定可以处理好兴趣与学习的关系。"

3. 召开主题班会

小明的行为已经在班级里造成了一定的负面影响，因此班主任有必要以"谈谈我们的兴趣爱好"为题召开一次班会，主要环节设计如下。

◆ 第一个环节：问题导入，引发思考。

围绕每个人的兴趣爱好是什么这个话题，让学生说出自己的兴趣爱好，以及它是怎么形成的。在畅所欲言之中，班主任充分了解各人的兴趣爱好。

◆ 第二个环节：培养兴趣，丰富生活。

基于每个人的兴趣爱好各有不同，引出话题：哪些兴趣比较合适，哪些兴趣不合适？学生讨论后，再进行归纳：兴趣是最好的老师，当一个人的兴趣与他的志向结合起来时，那么他离成功就不远了。可以举一些名人事例。

◆ 第三个环节:遇到矛盾,该怎么办?

遇到特别感兴趣的事,自然会很投入地去做,此时学习有可能会受到影响。面对二者的矛盾,个人该怎么办?可呈现情景剧:某同学在处理兴趣爱好和学习关系时,面临两难选择,产生困惑。引导学生开展小组讨论,进行思辨。在此基础上,组织大组交流,让各种观点碰撞。

◆ 第四个环节:学好知识,全面发展。

启发学生:只要自己能合理安排好时间和精力,兴趣爱好和文化学习应该不冲突。由此督促学生做到学习和兴趣两不误,使之相辅相成,相得益彰。

理论解读

社团活动不仅能让学生培养兴趣、陶冶情操、开阔视野、锻炼能力、增强自信、发展特长、收获成就感;而且也丰富了校园文化生活,营造了浓厚的学习氛围,促进学生综合素质的提高,为学生全面发展打下扎实的基础。

本案例中,首先,运用了疏导原则。班主任在与学生小明谈心时,先肯定他的特长,拉近了师生关系。然后,通过言之有理的循循善诱,引导学生自我反思,找出不足。其次,运用了协同育人原则。在与家长交流时,先肯定孩子的优点,了解父母对孩子的期望;再因势利导,给家长分析利弊,并提出自己的建议。这样的沟通,拉近了教师与家长的距离,融洽了家校关系,促使家校形成教育合力。再次,运用了集体教育与个别教育结合的原则。在个别教育的基础上,及时召开主题班会,通过全班学生交流、讨论、思辨,形成正确的集体舆论导向,使之与个别教育相辅相成。

57 孩子主演的情景剧获区一等奖，还将参加市级比赛，但家长不支持

情境呈现

学生小苏很有才艺，活跃在学校各大社团之中。高二暑假，她担任主演的情景剧获得区一等奖。升入高三，小苏的学习成绩逐渐下滑。她妈妈认为是情景剧的排练过多地占用了孩子的学习时间，分了孩子的心。因此，她坚决反对小苏这一年里参加任何社团活动。可市里通知那个情景剧两周后要参加比赛。由于时间紧迫，临时换主演已来不及，班主任联系小苏妈妈，她的态度异常坚决："孩子11月初就要选考了，请你们放过她吧。要不，把你们校长的电话给我，我跟他说。"如果你是班主任，该怎么办？

（来源：第七届长三角地区中小学班主任基本功大赛高中组情境模拟题第2题）

表象透视

本案例中的问题，有两个聚焦点：一是社团活动与学习关系的处理，二是家校矛盾的处理。

问题诊断

社团活动，是学生高中生活中一道亮丽的风景线。它丰富了学生的课余生活，向学生展示了有别于课本知识的另一个世界。很多学生在社团活动中萌生出对某一知识领域的极大爱好，在社团活动中游刃有余地学习，并且取

得了一定成绩，乃至将此作为叩响大学之门的"敲门砖"。但是，在不少家长眼里，社团活动和学业成绩之间似乎存在着不可调和的矛盾。

本案例中，冲突的一方是学生小苏主演的情景剧在区里得奖，还要参加市级比赛；另一方是小苏的学习成绩因参加社团活动而下滑，又面临11月初的选考。面对这样的两难问题，班主任要在尊重学生意愿的基础上，及时与家长沟通，达成共识。

应对策略

1. 征求学生的意愿

"小苏同学，你很有艺术天赋。这两年来，在社团老师的培养下，你的才艺水平有了很好的发挥，我也为之高兴。你来说一说，参加社团活动以来，自己有哪些体会和收获，比如人际交往方面的？"

"进入高三以后，你的学习成绩不稳定，有下滑的趋势。出现这种情况，不光你的妈妈会担心，老师也在担心，你觉得主要原因是什么呢？"

"提高学习效率，需要科学的学习方法，你可以向班级里的优秀同学学习。比如，制订作息时间表，总结归纳错题做笔记，梳理知识、查漏补缺等。同时，处理好参加社团活动和学习的关系，不能因为活动多了而影响学习。"

"对于参加市级比赛，老师想知道你的真实想法，是否愿意参加？说说你的理由。"

"老师知道你内心很纠结、很矛盾，一边是自己喜欢的才艺，一边是学习成绩和妈妈的担心。但是无论你做出什么决定，老师表示理解和支持。如果你参加社团活动，可以把它当作释放学习压力、大胆展示自我、锻炼个人能力的一个平台。老师相信你能处理好两者的关系，并且协调任课教师对你进行针对性辅导。如果不参加社团活动，老师尊重你的决定。毕竟现在到了高三，是非常时期，希望你能专心学习，及时弥补不足，争取更大的进步。等考取大学后，同样可以发挥自己的特长。"（尊重）

2. 与学生家长沟通

"小苏妈妈，您的心情我可以理解。孩子上高三，首要的任务就是学习。高考是人生的一场战役，必须全力以赴投入。看到孩子的考试成绩出现下

滑，家长心里会特别着急。"（共情）

"但凡任何事情，都有两面性，学生参加社团活动亦是有利有弊。一方面，参加社团活动，不仅能锻炼、提高学生的沟通能力、社交能力和学习能力，培养学生的团结协作精神；而且还可以缓解学生学习上的精神压力，舒缓心理上的焦躁情绪，做到劳逸结合。如果把握得好，也可以将它作为叩响大学之门的'敲门砖'。另一方面，面临高考，参加社团多了，也会耽误学习，如果孩子过于沉溺于爱好之中而无法自拔，那就得不偿失了。"

"作为家长，当然也要对自己的孩子因材施教，通过综合评价，正确引导孩子。如果孩子的自制能力比较强，各科成绩比较稳定，也能平衡好社团活动和学习两者的关系，那就应积极鼓励孩子参加感兴趣的社团，为未来上大学打基础，这方面做得比较好的同学也确实有。如果孩子非常愿意参加，而学习成绩有一点下滑，那就要帮助她做好规划，处理好社团活动和学习的关系，并引导她把在社团中收获的学习方法运用到学科学习中，以提高学习效率。"

"如果家长一味地压制孩子的兴趣，那就会加深孩子的逆反情绪，容易造成亲子关系紧张。因此，家长要多与孩子沟通，多倾听、了解、理解孩子的想法；在尊重孩子意愿的基础上，正确引导，让孩子身心健康发展。"

理论解读

在很多家长眼里，兴趣爱好会耽误孩子的学习，有些特长对升学来说是没用的。而在学生眼里，面对繁重的学业任务，有一个自己喜欢的兴趣爱好，真的很好。所以，家长不能"逼孩子"放弃兴趣，而是引导孩子正确把握学习和兴趣的关系。

本案例中，首先，运用了尊重、信任的教育原则。马卡连柯认为，在教育过程中应尽可能多地要求一个人，也要尽可能多地尊重、信任一个人。本着这一原则，班主任通过与学生小苏谈心，了解她内心真实的想法，然后告诉她，无论参不参加社团活动，老师都尊重她的意愿，并提出希望。这样的沟通是顺畅的，也是成功的。其次，运用了疏导原理。班主任与小苏家长沟通时，坦诚交谈，分析了参加社团活动的利弊关系，帮助家长针对自己孩子的具体情况进行具体分析，在尊重孩子意愿的基础上，正确引导，并缓解亲子矛盾。

58 学生"追星"追到北京，还在班级里传播"追星"言论

情境呈现

八年级（4）班女生小顾，最近迷上了《创造营》等选秀节目，每天都在微博、抖音上为她所崇拜的明星打call（应援），甚至追到了北京的现场。为了多给自己所爱的明星打call（较量、比拼），她经常在各种平台上和其他粉丝"对战"，还在班级里积极拉拢同学，和不喜欢这个明星的同学"battle"。这些举动导致她的学习成绩一落千丈，班级学习气氛也被搞得浮躁起来。班主任将有关情况告诉小顾家长，家长竟然说："她'追星'，我们保持中立的态度。"如果你是班主任，该怎么办？

（来源：征集于初中班主任提供的案例）

表象透视

本案例中，问题的焦点是学生"追星"几乎达到了痴迷的程度，而且严重影响了学习，而家长却对孩子的"追星"持中立态度，班主任面对的是两代人的教育问题。

问题诊断

中学生"追星"，是当下一种很普遍的社会现象。现实中，一些中学生还省吃俭用，将零用钱积攒起来购买大明星的画片，把它们贴在卧房、书上。他们到处收集明星资料，并给其写信，期求明星签名，以此作为莫大的荣幸。近些年来，各种选秀节目如雨后春笋，影响着青少年。本案例中的小顾，就

是受此影响的一名学生,她追星已达追到北京的程度,而家长却放弃了教育。

面对"追星"痴迷的学生,班主任不能横加指责、粗暴制止,而应因势利导,教育学生正确对待明星偶像,把握好"追星"的度,健康"追星",更要引导学生把更多的精力放在学习上。

应对策略

1. 找部分学生谈心,了解班级"追星"情况

考虑到学生小顾不仅自己迷上选秀节目,而且还在班级里拉拢一部分同学一起"追星",影响了班级的学习气氛,班主任应及时找部分学生谈心,了解班级中的"追星"现状,以便后续跟进教育。

"同学们,'追星'其实就是崇拜偶像。出现这种现象,也许有一定的合理性。不可否认,每个人都有崇拜的偶像,老师也有自己崇拜的偶像。你们说说看,自己心中的明星是谁,喜欢的理由又是什么?"

"看来,同学们还都有自己崇拜的偶像。其实,每个成功的明星背后,都有很多感人的故事。希望你们去收集所崇拜的明星背后的故事,在下次班会课上进行交流。"

与这部分学生谈心时,班主任认可了学生的"追星"行为,再引导学生从喜欢的偶像身上找优点,并列举一些明星努力工作、奋斗的故事来激励学生。这样的交流,既可以获取学生的信任,也可避免学生反感。

2. 召开主题班会,正面引导

为了营造良好的班级氛围,班主任组织召开"我的偶像"主题班会,班会的主要环节设计如下。

◆ 第一个环节:讲一讲自己的偶像。

要求每个人说明喜欢某个偶像的理由,引导学生发现偶像身上真正有价值的东西。在交流中,班主任用明星的刻苦、好学、勤奋、坚持,来鼓励、激发学生,进而告诉学生:同学们如果想成为像明星一样的成功者,就要付出这样的努力。通过正面引导,促使学生树立正确的偶像观。

◆ 第二个环节：议一议中学生"追星"的利与弊。

在这个环节，班主任可以引导学生开展微辩论，通过正反两方唇枪舌剑的交锋，让学生明白"追星"是一把"双刃剑"。积极的一面是，可以开阔视野、增长见识、丰富精神生活，可以培养兴趣、树立理想，从明星身上学到优秀品质等。消极的一面是，如果对明星盲目崇拜、疯狂迷恋，就会妨碍学习，影响正常生活，以致丧失自我。通过微辩论，引导学生自主教育，促使他们明白"追星"要把握好度。

◆ 第三个环节：想一想我们需要怎样的偶像。

自古以来，名人、伟人们在少年时代都有自己崇拜的偶像。文天祥从小崇拜苏武等民族英雄，以此为楷模，终成一代名臣。而他本人，后来也成为英雄张煌言的崇拜偶像，以他来鞭策后人永葆崇高的民族气节。班主任用"新时代的中学生应该追哪些'明星'"这个问题引导学生，在学生交流中，进一步提出：同学们追的明星，应该是劳模、英雄、科学家等人物。由此引导学生将"明星"与"榜样"结合在一起，确立属于自己的"明星榜样"，树立向"上"、向"善"的明星观。

后续拓展：开展打造班级"明星"活动，结合本班实际围绕"德智体美劳"五个方面，推出班级"明星"评选方案，激励学生学习身边的榜样，让更多的学生成为同学眼中的"小明星"。

3. 与家长坦诚交流，形成教育合力

班主任寻求家长的配合，如果开始没能达到预期的效果，也不要气馁，继续耐心与家长真诚沟通。

"小顾家长，您对孩子的'追星'，能保持中立，显示了一个开明家长的态度。设身处地想一想，我们这些大人年轻时也追过'星'，我就喜欢邓丽君，到现在还这样。"（同理心）

"如果孩子'追星'有理性、会克制，不影响学习，那么给予支持是没错的。但是，小顾现在的'追星'几乎到了痴迷程度，甚至追到北京的现场，而学习成绩一落千丈。如果不加以正确引导，后果不堪设想。作为家长，您是任其发展呢，还是有什么好办法引导孩子？"

在双方交谈中，班主任提醒家长对孩子要做好监督和引导，并提出几点建议。其一，不可采取过激的方法去制止。如果家长强行阻止，从一个极端走向另一个极端，就容易造成亲子矛盾，不利于问题解决。其二，了解孩子追的明星，与孩子一起"追星"。家长只有了解孩子追的"星"，才有可能和孩子一起谈"星"，这对孩子人生观、价值观的形成会起到潜移默化的作用。其三，在尊重孩子兴趣的同时，与孩子一起制定一些家庭规则，如"追星"不能影响学习，不盲目去现场打 call。家长可以通过讲述故事，引导孩子关注明星身上的优点。

理论解读

首先，运用了榜样激励法。"榜样的力量是无穷的"，榜样激励法就是用正面人物的优秀品德影响学生的思想、情感和行为。"追星"，实际上是一种榜样的认同和学习。本案例中，班主任对学生的"追星"，不是严厉禁止，而是正面引导：鼓励学生寻找明星身上可以学习的品质，在"追星"利弊辩论的基础上，促使学生把"追星"转化为学习和生活的内在动力，并找到自己的方向和目标。

其次，运用了个别教育与集体教育相结合的原则。集体教育与个别教育密不可分，存在着互相影响、相互促进的关系。良好班集体的形成，既要注意通过集体教育培养班集体，又要针对学生的个性特点和差异进行个别教育。本案例中，班主任运用谈心的形式，对学生小顾进行个别教育；同时，抓住契机组织召开主题班会，以案说理，开展微辩论，帮助学生树立正确的"偶像观""明星观"，通过"认知—明理—导行"，为学生铺设更为宽广的"追星"之路。

最后，运用了家校协同育人原理。学生有自己崇拜的偶像，这本无可厚非。但如若学生"追星"方式不当，则会导致精力分散，影响学习。本案例中，班主任与学生家长多次真诚沟通，巧妙运用"同理心"，取得了家长的信任。另外，晓之以理，让家长明白，面对过度"追星"的孩子，家长不能置之不理。至于如何教育引导孩子，班主任在倾听家长看法之后，适时提出可操作的建议。这样的家校沟通是有效的，容易形成合力，共同引领孩子健康成长。

后记

班主任情境模拟要点提示

在班主任基本功竞赛中，代入式"情境模拟"演练是一个重要环节。所谓"情境模拟"，就是创设特定的问题情境，营造逼真的教育场景，让班主任由此进行代入式演练。这个过程中，由助教扮演各种角色（学生、家长、任课教师等），提出各种各样既在意料之外又在情理之中的问题，让班主任在教育现场，尝试探索解决问题的办法。最后，由专家在互动中，针对情境问题解决中的关键环节进行点评，指出、纠正解决过程中暴露出来的不足，旨在通过这样的实战演练，提升班主任的临场应变能力。

情境模拟是对班主任专业思想、价值观念、教育智慧，对教育事件的判断能力、分析能力、处理能力以及表达能力的综合性考察，难度较大，要求较高。为帮助班主任适应情境模拟演练，提出以下几点建议。

一、问题诊断要准确，把握解决关键点

拿到题目，细读一遍，把握关键概念，判断问题类型。根据人物关系，案例呈现的矛盾可以有生生、师生、家校等类型。根据案例内容，问题可以分为人际交往、学业指导、特殊情感、行为习惯、兴趣爱好、班级管理、干部培养、偶发事件等。班主任对案例中的各种情境元素，要进行整体判断，通过去伪存真的思考，把握问题实质和主要矛盾。有些案例中的情境元素较为复杂，不容易一目了然，这就要求班主任进一步辨析、厘清其中的关系，

找准解决问题的关键所在。

二、问题分析要到位，抓住产生根源地

分析问题时，班主任要依据具体情境，判断导致问题产生的各种原因，包括客观的、主观的因素，教师自身的、学生家庭的因素等。问题分析要具体、深入、到位，抓住主要问题的症结，比如学生的行为问题是与年龄特征还是与个性心理有关，或者是亲子冲突引发的；在分析因果关系的同时，查明问题的起因，判断其结果会产生的影响，不要笼统地将问题的产生归类为学校原因、家庭原因、社会原因、自身原因。

三、应对策略有创意，过程方法可操作

应对面临的问题，班主任要有明确的目标、清晰的思路、有力而可行的措施，尤其是要把握重点和主要矛盾，把复杂的事件逐一分解为多个小问题，把错综复杂的关系逐步梳理成几个关键环节，思考每一个小问题的对策，创造性地解决问题。通过定性质、定责任，体现德育工作的春风化雨和持之以恒。在教育资源上要发挥协同育人的作用，在教育方法上要关注学生个性特点，用师爱统领细节。

四、角色演练要代入，灵活机智换场景

班主任在演练角色时要有代入感，要忘记助演的原来身份，把他当成一个需要班主任帮助的人。在演练过程中，首先，要解决情绪问题。如果案例中的人物有情绪问题，就先安抚其情绪，再去解决实际问题。其次，要有"自己人效应"。不管对象是谁，都可以运用同理心去安抚其情绪，和他一起面对困难、疑惑，这就是心理学中的"自己人效应"。这样做，表达了对他的尊重、理解，尽可能地消除他的对立情绪，对接下来的问题处理有重要作用。再次，及时转换场景。有些情境题中没有可以演练的场景，这就要通过旁白展示心理活动。如果在演练过程中未得到助演的有效配合，导致在某个问题上没有任何进展，那就灵活转换场景。

五、现场阐述有依据，展现教育者智慧

代入式演练之后，班主任要阐述自己的理念和方法。首先，简要表述自己对情境的判断，对问题的分析。其次，说明刚才演练中一些做法的理论依据。阐述时要注意有逻辑性、层次性，每种方法可以适当展开，体现解决问题的对策有充分的依据。它包括教育学、心理学、班级管理学理论以及学校德育工作的原则等，表明这些做法符合青少年学生品德形成与发展规律，不要用只言片语的经验来替代专业理论。

总之，班主任情境模拟演练可以反映班主任对角色行为的认知和工作态度、处理问题的方式，体现班主任对"爱的事业"的情怀，体现班主任的教育智慧、理论功底和人文关怀精神。因此，班主任在日常工作中要注重相关理论的学习和应用，探索和创新教育方法，不断总结经验、提升专业素养。

教育效果具有不可复制性，对一种问题的解决方法也应该有多样性。本书提供的问题解决策略只是一家之言，旨在抛砖引玉。由于作者水平有限，书中的不足、缺点和纰漏，在所难免。希冀班主任在今后的教育实践中，不断完善、充实，达到教育理念与方法的最优化。

本书写作过程中，得到了青浦区教师进修学院附属中学钱磊、青浦区第一中学朱晨媛、上海市毓秀学校龚赛华、上海市毓华学校刘晶、上海市青浦豫英小学陈寒玉、青浦区庆华小学朱玲、上海青浦区世界外国语学校孙娟娟、上海市青浦高级中学王洁、上海市朱家角中学洪文德等老师的支持和配合，在此表示衷心感谢！

卓月琴
2021 年 8 月 1 日